ENGLISH SPEAKING CLINIC - FROM SHADOWING TO CREATIVE SPEAKING

英語スピーキング・クリニック

通訳訓練法で鍛える知的英語力

新崎隆子
Ryuko Shinzaki

石黒弓美子
Yumiko Ishiguro

MP3 音声付き

研究社

はじめに

　英語のスピーキング力を身につける最良の方法は、若いころに英語圏に移り住み、英語で生活し勉強できる環境に身を置くことです。しかし、すべての人がそのような幸運に恵まれるとはかぎりません。この本を書くきっかけは「社内英語公用語化」の動きに不安を抱く人から相談を受けたことです。勤め先の会社は社員の英語力向上を目標に掲げてTOEICの受験を奨励してきましたが、これまでの雰囲気は「英語は努力目標」という程度でした。しかし会社がビジネスのグローバル化戦略の一環として、国籍を問わず優秀な人材を採用する方針を決めると、社内には英語のできる外国人が増え始めました。日本語が話せることが採用条件なので、会議は日本語で行われますが、外国人同士が英語で立ち話をする光景も珍しくなくなりました。さらに、大手日本企業の「社内英語公用語化」宣言を受けて「我が社も見習うべきだ」との意見が強くなっています。「社内英語化」の波は、もともと英語に特別な興味がなく、英語力を使った仕事につきたいと思っていたわけでもない人たちにも迫りつつあります。

　本書は、自分の英語力に危機感を抱きながらも、留学したり英語学校に通ったりする時間的余裕のない人たちのために、自宅でできるスピーキング訓練を紹介します。CD-ROMには通常のCD3枚分に相当する約190分の音声を入れました。パソコンで聞けるほか、iPodなどの携帯音楽プレーヤーに入れて外出先で聞くこともできます。ただし、通常のCDプレーヤーではお聞きになれませんのでご注意ください。

　英語のスピーキング力を向上させるためには、英語の表現をたくさん覚えるインプットのプロセスと、それを使って話すアウトプットのプロセスの両方を鍛えなければなりません。インプットのほうはリーディングやリスニングの経験を重ねることで増やすことができますが、それだけで自動的にスピーキングができるようになるわけではありません。

　本書で紹介するスピーキング訓練は、2人の著者が長く携わってきた通訳訓練の方法を応用したものですが、それだけにとどまらず、この本を活用する方には、さらに一歩進んで、自由な発想で自分の会話を創造

する力をつけてほしいと考え、Creative Speaking への道筋をも用意しました。各レッスンは、以下の5つの段階から構成されます。

1．ある文脈で使われた英語を取り込む（シャドーイング）
2．使える英語表現を切り出す（キーワード練習）
3．キーワードが素早く口から出るよう練習する（クイック・レスポンス）
4．同じ文脈でキーワードを使う練習をする（DLS）
5．違う文脈でキーワードを使う練習をする（会話練習：モデル会話からCreative Speaking へ）

　最後の会話練習はネイティブと読者が会話することを想定した編集になっています。最初はモデル文を使って練習し、その後、内容を膨らませたり、自分の使いやすい表現に変えたりして、Creative Speaking を目指しましょう。
　本書が、読者のスピーキング能力向上に役立つことを祈っています。

　2013年8月

　　　　　　　　　　　　　　　　　　　　　　　　　　新崎　隆子
　　　　　　　　　　　　　　　　　　　　　　　　　　石黒　弓美子

本書の音声（MP3）について

　付属のディスクには、SESSION1 から SESSION10 までの音声が MP3 ファイル形式で収録されています。MP3 対応のパソコンや MP3 対応の CD/DVD プレーヤーおよび携帯音楽プレーヤーで再生が可能です。MP3 に対応していない CD プレーヤーやラジカセでは<u>再生できません</u>ので、あらかじめご了承ください。

付属のディスクの使い方

　ディスクには、各 SESSION の音声ファイルが収録されています。これらを Windows Media Player や iTunes などで読み込んで、再生してください。また携帯音楽プレーヤーへの取り込み方については、各プレーヤーの説明書をご覧ください。

　音声ファイルは SESSION ごとにフォルダ分けされています。たとえば SESSION1 の音声ファイルは「SESSION1」のフォルダに収録されています。

▲ SESSION ごとにフォルダ分けされています（画面は Windows のものです）

　音声ファイルのタイトルには、01_01（.mp3）、01_02（.mp3）…のようにトラック番号が付いています。本書の MP3 アイコンの表示に従って、該当する番号の MP3 音声をお使いください。

［英語ナレーション］
Elizabeth Handover
Bill Sullivan
［MP3 音声の収録時間］
191 分 52 秒

目次

はじめに　iii
本書の音声（MP3）について　v
スピーキング力診断表　viii

I 診断と治療法 Diagnoses and Treatment Plan　1
1 本書のねらい　2
2 通じる英語音声　3
3 スピーキングを助ける意味の交渉術　8
4 英語のアウトプットを促す訓練法──DLSとは　12
5 本書の効果的な学習法　14

II スピーキング訓練 Speaking Practice　17
SESSION1 自己紹介
1-1 将来の夢　18
1-2 地元の祭りについて　25

SESSION2 仕事の打ち合わせ
2-1 インタビューの手配　33
2-2 スーパーマーケットの特売の目玉商品　39

SESSION3 得意先への電話対応
3-1 プレゼン日程の調整　44
3-2 日本の新技術を紹介する　50

SESSION4 販売戦略会議
4-1 老舗和食レストランの改革　57
4-2 結婚式場の提携戦略　65

SESSION5 苦情の応対
5-1 ドライヤーが壊れてしまった！　74
5-2 母の誕生日に贈った花束　81

SESSION6 高齢化社会のビジネス戦略
6-1 高齢化社会をよりよいものにするために　86
6-2 高齢化をチャンスに変える試み　91

SESSION7 プロジェクトの発表
7-1 コミュニティ・ガーデンプロジェクト　97
7-2 高校生作文コンテスト　105

SESSION8 パーティでの会話
8-1 起業家向けパーティでの会話　112
8-2 ホームパーティでの会話　120

SESSION9 景気の見通し
9-1 日本の工業化と戦後の経済成長　126
9-2 新政権の経済政策　136

SESSION10 国際会議での発表
10-1 プレゼンテーション・パートⅠ　145
10-2 プレゼンテーション・パートⅡ　155

謝辞　164
スピーキングに役立つ英語表現一覧　165

スピーキング力診断表

本書の適応症状は、以下の表の強調部分です。

症状	原因	診断
お手本通りの英語を話すのに通じない。	声が小さい。	心理的な問題。自信がない。気後れする。
	日本式の発音	英語の音声についての知識と発音練習が不足している。
	アクセントがおかしい。	英語のアクセントについての知識と練習が不足している。
	英語のイントネーションができていない。	イントネーションについての知識と練習が不足している。
とっさに英語がでてこない。	英語の単語や表現をあまり知らない。	勉強不足
	思い出すのに時間がかかる。	**クイック・レスポンスの練習不足**
	英語の単語や表現を使うのに慣れていない。	英語を話すチャンスが少ない
		自宅で英語を話す練習をしていない。
単語はでるが文にならない。	英語文の作り方がわからない。	英語の基本的な構文を忘れている。
	きちんとした英文を作ろうとしない。	Broken Englishの癖がついている。
	文を組み立てるのが遅い。	**英語の文を作る機会が少ない。**
話すのがとても遅い。	間違った英語を話してはいけないという強迫観念。	恥をかきたくないという心理的な金縛り。周りの日本人の目を意識した意味のない競争心。
	文を組み立てるのに、ものすごく時間がかかる。	**練習不足。**
会話が続かない。	何を話せばよいかわからない。	もともと会話が苦手。
	相手の言うことが聞き取れないために、会話の輪から外れてしまう。	リスニング能力の不足。
プレゼンテーションはできるが質疑応答が苦手	英語の質問が聞き取れない。	リスニング能力の不足。
	すぐに英語で答えられない。	**準備不足。スピーキング力の不足。**

治療法

→ 聞こえなければ通じないのは当然であることを自覚し、大きな声で話すようにする。

→ 英語の音声について基本的な知識を身につける。
→ ネイティブにとって特に理解しにくい日本式発音の特徴を知る。
→ 発音練習を行う。

→ 英語の音声について基本的な知識を身につける。
→ アクセントを意識して話すようにする。

→ 英語のイントネーションについて基本的な知識を身につける。
→ ネイティブにとって特に理解しにくい日本式のイントネーションの特徴を知る。イントネーションの練習を行う。

→ もともと知らない単語や表現を使えるはずがないことを自覚し、リスニングやリーディングを通じて、英語の知識を増やすよう地道に努力すること。

→ **シャドーイング、DLS練習、クイック・レスポンス練習**

→ 国際部門や海外勤務など、仕事で使う機会を増やす。
国際交流事業での語学ボランティアに応募する。

→ **自宅でも英語を話す機会を作る。DLS練習、クリエイティブ・スピーキング練習**

→ 基礎的な英作文の勉強をやり直す。

→ Broken Englishとジェスチャーで乗り切るという安易な態度を改め、きちんとした文を作るよう心がける。

→ **英語でメールを書く、日記をつけるなど、英文を作る練習をする。
口頭の短文練習、DLS練習、クリエイティブ・スピーキング練習。**

→ 英語のネイティブにはなれないことを自覚する。英語を話すのは外国人との意思疎通のためであり、日本人の前でカッコいいところを見せることが目的ではないことに気づく。元気に英語を話している世界中のノン・ネイティブを見習う。

→ **定型文のクイック・レスポンス練習。シャドーイング。
スピードを意識したDLS練習、クリエイティブ・スピーキング練習。**

→ 英会話のテキストに載っている定型文を覚える。お天気、スポーツ、グルメ、旅行など、無難な話題をいくつか用意しておく。

→ 英語のリスニング力を鍛える。会話をコントロールするスピーキング術を身につける。

→ 英語のリスニング力を鍛える。聞き返すためのスピーキング術を身につける。

→ **事前に想定問答集を作っておく。スピーキング力を鍛えるためには、ここにあげたすべての助言および練習法を活用して努力すること。**

[ナレーター紹介]

Elizabeth Handover

　イギリス出身。人材育成を専門とするコンサルタント、トレーナー。Intrapersona 株式会社社長。Lumina Learning Partner アジア地区パートナー。ACCJ 女性ビジネス委員会の共同議長を務める。豊富な演劇経験を持つ。NHK のニュースのナレーターとしても活躍中。

Bill Sullivan

　アメリカ・ロサンゼルス出身。声優、ナレーター、ディスクジョッキーとして日米両国で活躍。1993 年に日本に拠点を移し、NHK の多くのニュース、ドキュメンタリー、教育番組の吹き替えを担当する。多くの企業のプロファイルや製品ビデオコンテンツのナレーションでも活躍中。

I
診断と治療法
Diagnoses and Treatment Plan

1. 本書のねらい

　本書は英語を取り込むShadowing——シャドーイングから自分の言いたいことが話せるCreative Speaking——クリエイティブ・スピーキングへの橋渡しのための本です。英語のスピーキングに関して「とっさに英語が出てこない」「単語は出るが文にならない」「話すのがとても遅い」「プレゼンテーションはできるが質疑応答が苦手」という課題に悩んでいる学習者に役立ちます。まず、「スピーキング力診断表」（viiiページ）を参照し、自分に必要な本かどうかを確認してください。

　英語のスピーキング能力を身につける最も効果的な方法は「アウトプットを意識したインプット」と「アウトプットを促す刺激」の組み合わせです。英語を話せるようになるには、まず、英語をたくさん聞いたり読んだりして英語の知識を取り込まなければなりません。インプットの量が多ければ多いほど英語の単語や表現、またそれらのふさわしい使い方に関する知識が増えます。しかし、知識が増えれば自動的に英語が話せるようになるとはかぎりません。知識はスピーキングの必要条件ですが、十分条件ではないのです。

　「アウトプットを意識したインプット」とは、内容を理解するためのリスニング、つまり「インプットのためのインプット」とは違って、「話の内容」だけでなく、単語、表現、文章構造など「話の形式」にも注意を払って行うインプットのことです。しかし、インプットした「話の形式」についての知識も、そのまま使わずにいるとすぐに忘れてします。大切なのは、同時にアウトプットを促す適切な刺激を与えることです。

　本書には「アウトプットを意識したインプット」と「アウトプットを促す刺激」を組み合わせた10のレッスンを用意しました。「自己紹介」や「仕事の打ち合わせ」など、実践に即した英文から英語をインプット——シャドーイングし、その内容を自分のことばでアウトプット——話してみて、さらに最後はネイティブスピーカーとの会話を試せるようになっています。英文のレベルは、比較的平易なものから、国際会議での発表を想定したかなり骨のあるものまでをそろえました。ご自分のレベルや必要性に合わせて選んでください。

2．通じる英語音声

　英語を話す際に重要となるのは「通じる英語音声表現」です。ここでは改めて、その大切さと、「通じる英語音声表現」のカギとなる3項目を、簡単に述べておきたいと思います。

　英語は国際語といわれ、さまざまな母語を持つ人が英語でコミュニケーションを取りあうようになっています。日本でも英語教育の重要性が盛んに叫ばれ、小学校での英語教育も始まりました。しかし英語の発音とイントネーションの教育となると、50年前とほとんど変わっていないようです。

　日本人は、中学校から高校まで、少なくとも6年間、週3時間から4時間の授業時間、そして家庭学習を含めると、おそらくその倍以上の時間を費やして英語の勉強をしています。それでも、英語は読めばわかるが聞けない、話せないという人が少なくありません。学校では、今もって文法は教えるのに、発音やイントネーションに関する授業はほとんどないのが現状です。そもそも、中学・高校の英語教員免許状の取得要件に「英語音声学」の授業の取得は入っていないのですから、教え方がわからない先生が少なくないのも当然でしょう。

　「日本人は英語に関しては外国人なんだから、ネイティブのような発音をする必要はない、日本語の発音で堂々と英語をしゃべればよいのだ」という意見が、難しい発音指導を放棄するための言い訳となり、「ある一定の年齢（よく言われるのは6歳から12歳くらい）までに英語の正しい発音を身につけなければネイティブのように話せるようになるのは無理だ」という「限界期仮説」という学説が、初めから発音指導をあきらめさせているかのようでもあります。

　一方で、実際に仕事や留学先で、英語を使って外国人とコミュニケーションを取らなければならない人、英語を道具にして世界で活躍したいと思っている人たちの中には、外国人にしばしばPardon?などと、発言を聞きなおされては冷や汗をかいているという悩みを吐露する人々が少なくありません。なんとかして発音を改善したいと思っている人は、たくさんいるのです。

そうしたことを考えると、やはり英語でコミュニケーションを図るには、少なくとも通じる英語の発音とイントネーションを身につけることが必要でしょう。そうでなければ、苦労して覚えた語彙や文法の知識も十分に生かすことができません。現場の声には切実なものがあります。

英語の発音やイントネーションをより効果的に改善するには、文法を学ぶのと同じように、英語の音の仕組みとイントネーション、英語独特のイントネーションを生みだす音の連結 (liaison) と弱音化 (reduction) といった英語音声の規則性を知った上で、日本語との比較を行いながら、意識的に系統的な発音改善の練習をすることが大切です。それには、頭の中に新たに英語音声のデータベースを作ることが必要です。まず頭脳で、その仕組みと規則を理解するということです。その上で、何度も英語を口に出し、身体で覚えることで、より効果的に発音を改善することが可能になります。

なお英語の発音とイントネーションの体系的な説明や練習方法等については、本書の主題からは外れているので、それをカバーしている共著『英語リスニング・クリニック』（研究社 2000）や『英語リスニング・クリニック初診者コース』（研究社 2002）、『最強の英語リスニング・実戦ドリル』（研究社 2011）などを参考にしていただきたいと思います。

通じる英語の発音とイントネーションの獲得には、以下の３点がカギとなります。

（1） イントネーションを日本語式から英語式に変える

個々の母音や子音の発音がネイティブの発音と多少ずれていても、聞き手は、話し手が非母語話者であれば、寛大な耳を持って聞いてくれるといわれています。たとえば英語の［ʃ］は、日本語の「シ」とは異なるのですが、she［ʃiː］を「シー」と発音したとしても、わかってくれるし、非母語話者の発音だからと大目に見てくれるでしょう。しかし聞き手は、外国人がネイティブとは違うイントネーションで話すことがあるとは予想していません。そのため、イントネーションがずれていると、理解されなかったり、誤解につながったりします。

たとえば I graduated from Harvard. という文は、「ハーバードを卒業しました」という意味で使う場合、Harvard の har に強勢を置き、他

の語、音節は弱く発音するのが普通です。しかし、これを、日本人によく見られるようにⅠに強勢（stress）を置いて発音すると、少々、意味合いが変わってしまいます。Ⅰを強く発音した場合「おれはハーバードを卒業しているんだぞ」というようなニュアンスが加わってしまうのです。もし他の文もいちいちⅠを強調して発音したとすると「おれが、おれが」といういやな奴だという印象を相手に与えてしまいます。

　皆さんは、I, I（「私が、私が」）と、無意識のうちに、文頭を強く発音していませんか。日本人がこのように文頭を強く発音することが少なくないということは明らかになっていますが、その原因については、確たる結論は出ていません。一つ考えられるのは、日本語では、「ハーバードを卒業しました」に見るように、文頭の主語は通常使用されず、新情報を伝える目的語（この文の場合は「ハーバード」）が文頭にくるからではないかと思います。新しい情報が強く発音されるのは当然のことですが、日本語では、それが通常文頭にくるのに対し、英語では文の末尾にくるという構造的な違いがあります。

　英語のイントネーションの基本的法則は、名詞・動詞・形容詞・副詞（いずれもそれ自体で意味内容を持つ内容語）、そして機能語（それ自体では意味を持たない助詞、助動詞など）の順で、強勢を受ける、つまり強く発音されるということです。

　以下の短文は、強勢が置かれる音節が異なることから、それぞれイントネーションが異なります。LAで示した音節は強く、laで示す音節は弱く短く発音します。

1. John loves Mary.
   LA　 la　 LA
2. John loves her.
   LA　 la　 la
3. He loves Mary.
   la　 la　 LA
4. He loves her.
   la　 LA　 la

このようなイントネーションの規則を認識し、それを意識して練習をすれば、ずっと効果的、効率的に英語のイントネーションを改善することができるでしょう。

(2) 個々の母音と子音の発音をきちんと把握し、正しく発音する

非母語話者の個々の音の発音については、ネイティブの聞き手は寛容だと先に述べました。それでも、正しい発音ができていないと場合によっては相手に誤解されたり、意味が通じず聞き手に Pardon me? と言い直しを迫られたりしてしまいます。

よく聞く悩みは、日本語ではすべて「ア」に聞こえる［ə］［ɑ］［æ］という母音がうまく発音できず、よく聞き返されるというものです。color[kələr]（色）, collar[kɑlər]（襟）, curler[kərlər]（女性の髪をカールするカーラー）の3つの単語は、日本語ではいずれも「カラー」あるいは「カーラー」と発音され、強勢の置かれる主音節の母音の質は同じです。しかし、英語ではそれぞれの母音が違うので、日本語式の発音では理解してもらえません。また man［mæn］と men［mɛn］、map［mæp］と mop［mɑp］などの発音でも、相手に通じずに何度も聞き返されて困ることがあるといいます。

通じる英語を話すためには、やはり母音や子音も正しい発音ができるようになりたいものです。それも、やみくもにネイティブの音を聞いてまねしようとする方式では限界があります。英語と日本語の母音・子音の違いをシステマティックに認識した上での発音練習が、効率的な発音改善につながります。

(3) 弱音化(reduction)と音の連結(liaison)のルールを体得する

英語では機能語はほとんど全面的に弱音化する、つまり弱く短く発音されるというルールがあります。また日本語とは違って、子音の後ろにほぼ必ず母音が来る、子音-母音-子音-母音（ka, ki, ku, ke, ko など）という音節構造ではありませんので、英語の単語はしばしば子音で終わります。したがって単語の最後の子音と次の単語の最初の音がくっついて、文字で見るのとはまったく異なる単語のような発音になることがふつうです。そのため、弱音化と連結のルールを知って、発音練習をする

ことが重要です。

　たとえば、all of the time（いつでも、常に）という句は、「オール・オブ・ザ・タイム」とは発音されません。実際の発音は、a lof thtaimです。つまり、最初の2語は「オー　ロフ」です。ofのfは、[v] というよりは、弱音化しますので、[f] だと思ったほうがよいのです。また、theの［ðə］も［θə］だと思ったほうがよいほどにソフトに発音されます。この句の中で最も強勢を受けるのはtimeで、全体は、「オーロフサタイム」のように発音されるのです。

　強勢を受けない音節の母音はあいまいな［ə］になるということは、よく知られているルールの一つですが、I have beenが［əɪfbɪn］（アイフビン）に、call herが［kaler］のように発音されるというルール、つまり子音の弱音化、脱落と連結のルールは、日本人にはあまり知られていないようです。こうしたルールを知識として獲得し、練習することで、発音は大きく改善できます。こうしたルールを意識して発音できるようになったら、リスニング能力も上がったという実感を持つ人も少なくありません。

　英語音声に見られる規則、いわば「音の文法」を知識として身につけること、そしてそれを実際に使うことで、誰でも発音とイントネーションを改善することができます。大人になってからの発音の改善は無理だなどとあきらめずに、挑戦してほしいと思います。

3. スピーキングを助ける意味の交渉術

　会話を成立させるには、双方の協力が必要です。It takes two to tango.（タンゴを踊るには二人必要、一人では踊れない）ということわざの言う通りです。ところが私たち日本人は生真面目な人が多いせいか、相手の言うことがわからないとすべて自分の責任だと思いがちです。Listener's responsibility（聴き手責任）の文化といえます。

　一方、英語母語話者の国では、話が通じないのは話すほうの責任だとSpeaker's responsibility（話し手責任）が問われるのが普通です。そこで、アメリカなどでは大学でも、public speaking（演説・弁論）やpresentationを教えるコースがあり、いかに自分の考えを効果的に伝えるかの技術を学びます。最近は、日本でもそうした技術の習得が大事だと認識されてきていますが、英語の聞き取りや会話となると、いまだに多くの日本人が、わからないのは自分の責任だと思う傾向が強いようです。特に会話が1対1ではなく、自分が数人の中の一人となった場合に、割って入ったり意味の確認をしたりすることができずに孤立感を深めることが少なくありません。

　会話は双方の協力があってはじめて成功するのだということを改めて心に銘記して、相手の話の意味をより明らかにさせる交渉術を活用しましょう。「それってどんな術？」と心配する必要はありません。日本語では私たちも、自然にやっていることなのです。しかし英語での会話となると、ちょっと工夫が必要かもしれません。そこで以下のようなテクニックを活用してみましょう。

(1) あいづち

　上手なあいづちは、会話への参加の意思表示となり、あなたの存在を相手に思い出させます。相手の話を促すことにもなりますから、相手に話してもらって会話を進行させることができます。また、人は、自分ばかり一方的に話をしていると、自然に相手の話も聞かなければいけないという思いになるので、あなたが発言しやすい環境を作ることにもつながります。IIの各章のエクササイズでは、そうしたあいづちをできるだ

けたくさん紹介しましたが、以下にもいくつかのあいづちの例を挙げてみます。

あいづち	発音の仕方	意味、伝えるニュアンス
Yes.	[jeees] と長く伸ばす。	「あなたのお話聞いてますよ。それで？」とあとを促す。
No.	[nooou] と長く伸ばす。 （[nou]と短くスタッカートだと、きつい拒否になる）	末尾を上げると「へー、そうじゃないんですか」というニュアンス。 末尾を下げると「それはありえないでしょう」など、少し強いニュアンスに。
Right!	[raait] と母音を伸ばす。	「そうですよね」「わかりますよ」「そうそう」
I know.	一言ずつゆっくりと。	「ええ、それよくわかりますよ」「そうですよねえ」
Is that right?	末尾を上げて軽やかに。	「そうなんですか」「へー、そうなんだ」
I don't think so.	個々の母音を長めに、ゆっくりソフトに。	「そうじゃないんじゃないですか」または「そうは思えませんけどねえ」
Can't be.	[kææntbi] 母音を長くゆっくりとソフトに。	「それはありえないんじゃないですか」
Oh, good!	ゆっくり、母音を長く。	「そうですかあ」「よかったですねえ！」など。
Uh-hu	①「アーハー」「ハーハー」末尾を上げる。 ②「アッアー」末尾は下げる。	①は肯定の意味で「そうですか」「ええ、わかりました」 ②は否定の意味で「いえいえ」「そうじゃないのでは？」
Mh-mh	口は閉じたまま「ムーフー」。	「そうですか」「そうなんですね」

| You did.
You would.
You could.
They did.
　　　など。 | 相手の発言を tag question のようにして繰り返す。 | 句末を上げると、意外感を添える。
句末を下げると、「そうですか」と相手の言ったことに肯定的にあいづちを打つことになる。 |

(2) 相手の発言趣旨や、言葉の意味がわからないことを知らせ、意味の明確化を求める

　相手の発言の意味がわからなかったときは、それをうまく知らせることも意味の交渉術の1つです。Pardon me? / I beg your pardon? / Will you say it again? / Oh, I didn't get it. What do you mean? / I didn't understand. / What did you say? などの表現が自動的に口に出てくるよう練習しておくとよいでしょう。

　また、上のような悠長なことを言ってはいられないときには、What did you say?［WAdjuSAy?］や、What was it?［WaWazIt?］、Wait, wait!［weiwei］（ちょっと待って）、Say it again?! というような発言も許されると知っておくとよいでしょう。ただし、イントネーションはだいたい文の末尾を上げるようにしましょう。下げると命令口調になります（例外としてここで挙げた Wait, wait! の文末は下がります）。

　ほかに「ちょっと待って」と片手を上げるジェスチャーや、首をかしげるしぐさや、けげんな表情も有効です。

(3) 相手のスピードについていけないことを知らせ、ゆっくり話してくれるよう促す

　英語の母語話者は、外国人には早口では伝わらないということを忘れがちで、早口でまくしたてることもあります。そんなときには堂々と、相手が早口すぎることを伝えましょう。最も簡単で効果的なのは、Slow down?! あるいは Slower? / Slowly? / Slowly again, please!? などという表現で、相手に伝えることでしょう。ただしこのときのイントネーションも、母音を長めに、末尾を上げぎみに発音するとよいでしょう。短くスタッカートに、末尾を下げて発音すると命令口調になります。

　もちろんフルセンテンスで Will you please slow down? / Please

speak more slowly. というように頼むこともできますが、おそらくそれでは間に合わず、目的を果たせないことが少なくないでしょう。相手に威圧感を与えずに、効果的にスピーディーにこちらの意思を伝えるコツの1つは、単語1つでかまわないので、強勢をおく主音節の母音を長めに発音し、語尾を上げることです。

　以上のような交渉術を活用すれば、これまで以上にうまく会話をコントロールすることができるでしょう。

4. 英語のアウトプットを促す訓練法
　　　　　　　　　　　——DLS とは

　DLS（Dynamic Listening and Speaking Method）とは、通訳訓練の中から生まれた、英語スピーキング能力を育てるための訓練法です。本書で紹介している訓練法の1つですが、初めて聞く方も多いと思いますので、ここで簡単にご紹介します。通訳者になるためには大量の英語を聞き、その内容を理解する訓練を受けなければなりません。地道な努力を積み重ねることにより、英語のリスニング能力やそれを日本語に訳す能力は確実に向上します。しかし、英語のスピーキング能力や日本語を英語に訳す能力は、そうした通訳訓練によっても目に見えて伸びるというわけにはいきませんでした。英語から日本語への通訳能力は身についたけれど、日本語から英語への通訳でつまずいている人たちのために考えられたのがDLS訓練です。

　DLS訓練では、2分以上の長さの英語のスピーチを、メモを取りながら聞いたあとでその内容を英語で要約します。この訓練のポイントは、1回に聞く英語が長いことです。メモを取りながら聞いても、すべての英語を記憶することはできません。英語で要約するためには、聞き取った英語をそのまま再生するのではなく、自分の理解を英語で表現しなければなりません。これは自分の考えを英語で表現するプロセスに近いものです。同時に、モデルの英語を聞いて行うため、話す内容を考える負担がなく、自発的な英語の発話に比べればはるかに容易です。

　DLS訓練の目的の1つは英語の表現能力を身につけることなので、できるだけもとの発言に含まれる表現に注意しながら聞き、記憶に残っている単語や言い回しを使うことが大切です。その点で、内容を英語でまとめることに重点をおいたサマリーの練習とは異なります。自分の使い慣れた表現と、取り込んだばかりの表現を組み合わせて英文を組み立てることができれば理想的です。何度も繰り返すことで、新しく学んだ表現も自然に使えるようになるでしょう。

　やや専門的な話になりますが、第二言語習得研究においては、かつて、その言語を大量に取り込むことによって話せるようになるという「イン

プット仮説」が支持されていました。しかし、その後、それだけでは不十分である、言語産出を強制されなければ、高度な言語能力を身につけることはできないという「アウトプット仮説」が主流になりました。これは通訳訓練において大量の英語のインプットが必ずしも英語のアウトプット能力の向上に直結せず、むしろアウトプットを意識したDLSのほうが効果を上げるという経験的な知見に合致していると言えます。

　DLS訓練は言うまでもなく、アウトプットを強制します。また、繰り返し行うことにより、英文から使える英語表現を「切り出す」ことができるようになります。「切り出された」表現は別のコンテクストでも使えるので、全般的なスピーキング能力の向上に役立ちます。

　本書では音声教材を使ったDLS法のみを紹介していますが、文字情報を使って行うこともできます。たとえば英文原稿を、メモを取りながら読み、原文を見ずに内容を英語で要約する練習も可能です。要約を口頭で行えばスピーキング、書く場合はライティング能力の向上を促すことができるでしょう。

　DLSを行うときは、要約をしたあとで必ず原文と自分のパフォーマンスを比較し、できなかったところに原文の表現を当てはめてもう一度やってみるようにしましょう。そうすることで、使える単語や表現が増えます。新しい練習方法として取り入れてください。

5．本書の効果的な学習方法

　各レッスンにはテーマに沿った 2 つの場面が用意されており、それぞれ（1）スピーチのシャドーイング、（2）キーワードの練習、（3）DLS 練習、（4）Dialogue 練習から構成されています。ここでは、本書の効果的な使い方、学習方法について説明します。

（1）スピーチのシャドーイング

　シャドーイングは流れる音声を聞きながらそれをまねて発音する訓練です。CD の音声を聞きながら、音声をいちいち止めずに行います。ヘッドセットをつけて自分の声が聞こえないようにしたほうがやりやすいでしょう。

効果的な練習方法
①原稿を見ないで数回シャドーイングをします。このときは、発音するよりも聞くほうに注意を向けます。聞き取った英語をつぶやくようにしてついていきます。
②英語の原稿を見て、できなかった箇所をチェックします。
③日本語訳を読んで内容を理解します。
④英語の原稿を見ながら数回シャドーイングをします。ネイティブの発音をまねるようにはっきりと発音します。
⑤英語の原稿を見ずに数回シャドーイングします。音声の聞き取りにも注意しながら、しっかりと発音できるようにします。

　①と②では英語の音声を観察することに焦点を当てています。最初から原稿を見てしまうと、音声についての間違ったイメージを矯正することができないので注意しましょう。

（2）キーワードの練習

　基本のスピーチに含まれるキーワードの発音練習とクイック・レスポンスの練習です。

効果的な練習方法
　①発音練習
　　　ネイティブの発音に続いて、発音します。
　②クイック・レスポンス
　　　キーワードの日本語訳を聞いて、素早く、それに対応する英語を出していきます。最初に対訳の単語・表現リストに目を通し、音読練習をしておくとよいでしょう。

(3) DLS（Dynamic Listening and Speaking Method）練習

　基本のスピーチを、メモを取りながら聞きその内容を英語でまとめて話す練習です（この訓練法については 12 ページで詳しく解説しています）。

効果的な練習方法
　①キーワードを見ながら行う
　　　(2)でキーワードの練習に使った単語リストを見ながら行います。内容を記憶する負担が軽くなるので、やりやすいでしょう。必ずしももとの英語の表現を使う必要はありません。自分が使い慣れた表現とリストに載っているものを組み合わせて行ってください。

　②キーワードを見ないで行う
　　　今度は、リストを見ないでDLSを行ってみましょう。この練習は、自分のことばでどんどん話すことを目的としていますので、話の順番が前後しても、脱線してもかまいません。

(4) Dialogue 練習

　スピーチの内容に関連したダイアローグを使って、ネイティブとの会話練習を行います。You と示されたパートが読者のせりふです。会話の相手は Bill または Elizabeth です。

効果的な練習方法

①シャドーイング練習

会話の音声を聞きながら、あなたのパートをシャドーイングしましょう。Bill が会話の相手のときは、あなたのパートは Elizabeth が話しています。相手が Elizabeth のときは、あなたのパートは Bill が話します。最初はテキストを見ながら自分のパートをシャドーイングしましょう。慣れてきたら、テキストを見ずにシャドーイングをしてみましょう。

②会話の練習

あなたのパートが無音になっている音声を聞きながら、自分のせりふを話しましょう。相手のパートには英語が書かれていますが、You——あなたのパートは日本語訳しか書かれていません。日本語訳を見ながら英語を話してください。日本語訳で示された内容を必ずしもすべて話す必要はありませんが、時間内に話し終えないと相手が割り込んできます。慣れてきたら、日本語訳を見ずに行ってみましょう。

③クリエイティブ・スピーキング練習

最後はテキストを見ずに、音声だけを聞きながら自分のことばで会話しましょう。相手の質問に対して、自由にストーリーを作って答えてもかまいません。Bill や Elizabeth と、クリエイティブでスピーディーなやりとりができることを目標にしましょう。

II
スピーキング訓練
Speaking Practice

SESSION 1
自己紹介

1-1 将来の夢
(1) スピーチのシャドーイング

MP3音声1_2-1_3を聞きながらシャドーイングをしましょう。何回か原稿を見ずに行ったあと、原稿と照らし合わせてできなかったところをチェックしましょう。

Part 1

Hello. My name is Toshi Aoki. I'm a student at an agricultural university in Tokyo. I'm from Aomori Prefecture up north. My father is an organic apple farmer. He is really good at growing delicious apples. My mother helps him on the farm. They work very hard from early morning till late in the evening. My parents and other apple farmers in the region used to use a lot of chemical substances to grow their produce: pesticides and artificial fertilizers. But when my mother got really sick from those chemicals, my father began to experiment with ways to grow apples without using chemicals.

It took him a long time, but after years of trial and error, he developed his own way of growing high quality apples organically. In the beginning, it was very difficult for him to convince his parents, who had been apple growers themselves, about organic farming. Most of the farmers in those days believed in chemicals, and they were worried about the extra work involved and possible loss of crops and income.

こんにちは。青木俊です。東京で農業大学に行っています。出身は北のほうの青森県

です。父が有機農家で、リンゴを作っています。すごくおいしいリンゴを作りますよ。母は父のリンゴ作りを手伝っています。二人とも朝早くから夜遅くまですごくよく働きます。両親も同じ地域の他のリンゴ農家も、農作物を作るのに、昔はずいぶん化学薬品を使っていました。農薬とか人工肥料とか。でも、母がそうした化学薬品にやられて病気になったことから、父は化学物質を使わないリンゴ作りを研究しはじめたんです。

　すごく時間がかかったんですが、父は何年もの試行錯誤の末、有機栽培で高品質のリンゴを育てる独自の方法を考案しました。最初は、自分でもリンゴを育てていた祖父母を説得して有機農業をするのは大変だったようです。当時はほとんどの農家が化学薬品が重要だと思ってましたし、有機農業は大変だし、収穫も収入も減ってしまうと心配していたんです。

Part2

But my parents were committed to organic farming and many years of their efforts and commitment converted many other farmers to organic apple farming. Later, they chose to market their produce directly to safety-conscious consumers and advertised their apples on the Internet. And it's a big success. They've attracted many consumers who wish to buy safe produce.

Now they're working together to develop a brand for their high quality, safe apples for export markets. I'm proud of my father and I want to be an apple farmer myself in the future. I'd like to help my parents and other farmers in the region in marketing their produce overseas. Their apples are so good and safe that I'm absolutely sure that they'll find good customers outside Japan. So I'm studying English to become a good sales person with cross-cultural communication skills.

　それでも、両親は有機農業を絶対やると考えていたのです。何年もかかりましたが、二人の努力と熱意に他の多くの農家が説得され、有機リンゴ栽培に転向していきました。後には、自分たちが作った作物を食の安全に関心のある消費者に直販することにしました。そして、インターネットでリンゴの宣伝をしました。それが成功して、安全な作物を求める多くの消費者の皆さんがお客さんになってくれました。

　今は、質の良い安全な自分たちの商品を海外に売り込もうとブランド作りに努力しています。私は、父のことを立派だなと思いますし、自分も将来はリンゴ農家をやりたいと思っています。両親や地域の農家の海外進出を支援したいんです。すごくおいしくて安全なリンゴを作っていますから、絶対に海外でも良いお客さんがつくと自信を持って

います。ですから、今は英語も勉強して、異文化コミュニケーションの技能を身につけた優れたセールスマンになりたいと思っています。

(2) キーワードの練習
① 発音練習
　単語リストを見ながら英語音声に従って発音練習をしましょう。
② クイック・レスポンス
　日本語音声を聞いて、素早く英語を出せるように練習しましょう。

Part1

agricultural university	農業大学
an organic apple farmer	有機リンゴ農家
chemical substances	化学薬品、化学物質
grow produce	作物を育てる
pesticides	農薬
artificial fertilizers	化学肥料
ways to grow apples without using chemicals	薬品を使わずにリンゴを育てる方法
after years of trial and error	何年もの試行錯誤の末
grow high quality apples organically	高品質のリンゴを有機的に育てる
organic farming	有機農業
possible loss of crops and income	収穫や所得が減る可能性

Part2

convert	転向する、転向させる
market their produce directly	生産物を直販する
safety-conscious consumers	安全志向の消費者
advertised their apples on the Internet	リンゴをインターネットで宣伝する
safe produce	安全な作物
develop a brand for ...	〜のブランドを作る

| for export markets | 海外市場向け、輸出市場向け |
| cross-cultural communication skills | 異文化コミュニケーションの技能 |

(3) DLS 練習

MP3 音声 1_2-1_3 の Toshi のスピーチをメモを取りながら聞き、内容を自分のことばでまとめて話してみましょう。
① 20-21 ページのキーワードを見ながら、話してみましょう。
② キーワードを見ずに自分のことばで内容をまとめて、話してみましょう。

(4) Dialogue 練習

スピーチの内容に関連した Dialogue です。原稿を見ずに Elizabeth と会話できることが目標です。

①シャドーイング練習　MP3 1_8

あなたのパートを何回かシャドーイングしてみましょう。

Elizabeth: So you're studying agriculture?

じゃ、農業を勉強しているんですね。

You: Yes. First I need to learn basic agricultural science, although I've already learned a bit about growing apples from my parents. I also need to study marketing.

はい、まず農業について基本的な科学的知識を身につけなくちゃと思ったんです。リンゴ作りについては、親から少しは教わってますけど。マーケティングも勉強しなくちゃなりません。

Elizabeth: I understand most farms are small in Japan. Can you grow enough apples to export them?

日本の農家は規模が小さいそうですよね。海外市場に回すほどのリンゴは作れるんですか。

You: I think it's possible. We don't need to have a big market for mass consumption. We'd rather develop a small but exclusive market for high quality produce, a niche market. I don't think we should try to compete with low-priced produce.

できると思います。大量消費を対象とした大きなマーケットは必要ではありません。むしろ高品質商品を求める人を対象とした小さな高級マーケットを開発したいんです。ニッチ市場です。低価格商品との競争はすべきではないと思っています。

Elizabeth: That's right. I agree that would be a better strategy. But where would you find markets for your produce?

そうですよね。そのほうが良い戦略ですね。でもどこに市場がありそうですか。

You: China, for instance. The standard of living of some people there is already very high and they have a great appetite for produce grown in Japan, as nowadays they're getting more and more conscious of food safety.

たとえば中国です。一部では人々の生活水準がすでにかなり上がっていて、日本の農産物への購買意欲が高くなっています。最近は食の安全にも関心が高まっていますし。

Elizabeth: Yes, I've read about that trend in newspapers, too.

あー、そういう動向があるって私も新聞で読みました。

You: I heard that exclusive super-markets in Thailand began selling rather expensive Japanese oranges as well as apples and that they're selling well.

タイでも高級マーケットではリンゴだけでなく、かなり高価な日本のオレンジもよく売れていると聞きます。

Elizabeth: You mean those Mikan oranges?

ミカンですね。

You: That's right. The rise in the living standard and in the interest in health in many other Asian countries are now good push factors, I think, for food products made in Japan, including fresh fruit.

そうです。アジア諸国で人々の生活水準が高くなり、健康志向も高まったことは、日本の商品の販売を推進する要因だと思います。生鮮果物もその一つです。

Elizabeth: I can imagine how that is. Those Mikan oranges are so tasty and easy to peel. I'm sure you know, navel oranges are delicious but they're not easy to peel. You get messy trying to peel them. But those Mikan! Oh, they're so juicy and easy to eat. I love Japanese apple pears too.

それ、よくわかります。ミカンは本当においしいですね。むくのもすごく簡単だし。ご存じだと思いますが、ネーブルオレンジはおいしいんですけど、むきにくいですね。その辺がべたべたになっちゃうし。でもミカンはねえ。すごくジューシーで食べやすいですよ。それと日本のナシも大好きです。

You: Good! I think those apple-shaped pears can also find a good market overseas.

それはよかった。リンゴと同じ形をした日本のナシも、海外で売れると思います。

Elizabeth: I agree! They're crisp and juicy, quite different from Western pears.

私もそう思います。シャキシャキしていてみずみずしく、西洋ナシとはずいぶん食感が違いますよね。

You: I have a dream of making all these delicious Japanese fruits available to foreigners who don't know how good they are.

日本のおいしいフルーツを、その味をまだ知らない海外の皆さんにも食べていただくのが私の夢なんです。

②会話の練習　MP3 1_9

あなたのパートをスピーディーに英語で話しましょう。慣れてきたら、日本語を見ずに音声だけを使ってElizabethと会話しましょう。

Elizabeth: So you're studying agriculture?

You: はい、まず農業について基本的な科学的知識を身につけなくちゃと思ったんです。リンゴ作りについては、親から少しは教わってますけど。マーケティングも勉強しなくちゃなりません。

Elizabeth: I understand most farms are small in Japan. Can you grow enough apples to export them?

You: できると思います。大量消費を対象とした大きなマーケットは必要ではありません。むしろ高品質商品を求める人を対象とした小さな高級マーケットを開発したいんです。ニッチ市場です。低価格商品との競争はすべきではないと思っています。

Elizabeth: That's right. I agree that would be a better strategy. But where would you find markets for your produce?

You: たとえば中国です。一部では人々の生活水準がすでにかなり上がっていて、日本の農産物への購買意欲が高くなっています。最近は食の安全にも関心が高まっていますし。

Elizabeth: Yes, I've read about that trend in newspapers, too.

You: タイでも高級マーケットではリンゴだけでなく、かなり高価な日本のオレンジもよく売れていると聞きます。

Elizabeth: You mean those Mikan oranges?

You: そうです。アジア諸国で人々の生活水準が高くなり、健康志向も高まったことは、日本の商品の販売を推進する要因だと思います。生鮮果物もその一つです。

Elizabeth: I can imagine how that is. Those Mikan oranges are so tasty and easy to peel. I'm sure you know, navel oranges are delicious but they're not easy to peel. You get messy trying to peel them. But those Mikan! Oh, they're so juicy and easy to eat. I love Japanese apple pears too.

You: それはよかった。リンゴと同じ形をした日本のナシも、海外で売れると思います。

Elizabeth: I agree! They're crisp and juicy, quite different from Western pears.

You: 日本のおいしいフルーツを、その味をまだ知らない海外の皆さんにも食べていただくのが私の夢なんです。

③クリエイティブ・スピーキング練習

　再び、MP3音声1_9を使って、Elizabethの質問に、あなたのことばで答えてみましょう。

1-2 地元の祭りについて
(1) スピーチのシャドーイング

MP3 音声 1_10-1_11 を聞きながらシャドーイングをしましょう。何回か原稿を見ずに行ったあと、原稿と照らし合わせてできなかったところをチェックしましょう。

Part1

Hello, I'm Aki Ono. I'm from Tokyo. I was born and raised in Asakusa, an old part of the city. My hometown is famous for a big Buddhist temple called Sensoji and a Shinto shrine called Asakusa Jinja. They're located right next to each other, and the local people have the same high respect for both of them.

During the New Year's holidays several hundred thousand people come to pray for a happy new year, and just as many come in May for the shine's summer festival, the Sanja Matsuri. The Sanja Matsuri is one of Tokyo's most exciting festivals. The big event is when local people and other festival enthusiasts carry Asakusa Jinja's biggest portable shrine around the neighborhood on their shoulders. The people carrying the shrine are very energetic, lifting it up high and then down again to their shoulders and shouting "Wasshoi! Wasshoi!"

こんにちは。大野秋と申します。東京出身です。東京の古い下町の浅草で生まれ育ちました。私の故郷は浅草寺という大きなお寺と、浅草神社という神社で有名です。お寺と神社は隣どうしで、どちらも地元の人からは深く敬愛されています。

新年の休暇中には、数十万人の人が新しい年の幸せを願ってお参りし、5月の浅草神社の夏祭りにも同じくらいの人出があります。その三社祭は東京のお祭りとして最もにぎやかな祭りの一つです。この祭りのメインイベントは宮神輿（みやみこし）の出陣です。お宮の最大の神輿を、地元の人や地元以外にも熱心なファンがやってきて、かついで回ります。神輿のかつぎ手はかなり元気がよく、神輿を上下に荒々しく揺さぶり、「わっしょい、わっしょい」と声をかけながらかつぎます。

Part2

Recently some non-locals have started climbing on top of the portable shrine as it's being carried around, mistakenly thinking to show how courageous they are. But the gods of Asakusa Jinja are riding inside the shrine, so of course no one is allowed to climb on top. This traditional event is a way for the local people to demonstrate their gratitude to the gods who bring them good fortune and prosperity throughout the year. Non-locals are welcome to join in the festival, but they should respect the local's religious traditions and feeling of reverence toward the gods.

A lot of foreign visitors also come to the festival. Many of them are surprised at the sight of the portable shrine, which weighs about one ton, being carried by a lot of men and women with so much energy, and at the hundreds of thousands of spectators following them around the neighborhood. I always enjoy this festival very much.

　最近は、地元以外のかつぎ手が、誤解して、勇壮なところを見せようと神輿の上に登ってしまうことがあります。神輿は神様にお乗りいただく神聖な乗り物ですから、もちろんそんなことは禁止されています。神輿をかつぐのは、地元の人にとっては日ごろから幸運と繁栄をもたらしてくれる神様への感謝を表す伝統行事なのです。ですから外部の人も神輿かつぎに参加することは歓迎しますが、地元の人の敬神の気持ちと宗教的伝統をきちんと尊重してほしいと思います。
　外国からの訪問客もたくさん見えます。その多くが、たくさんの元気のいい男女が重さ1トンにもなるという神輿をかつぎ、それを数十万人の見物人が追いかける姿を見て、とても驚くようです。私は、この祭りが本当に大好きです。

(2) キーワードの練習
①発音練習
　単語リストを見ながら英語音声に従って発音練習をしましょう。
②クイック・レスポンス
　日本語音声を聞いて、素早く英語を出せるように練習しましょう。

Part1

I was born and raised in Asakusa.	浅草で生まれ育った
an old part of the city	その都市（東京）の古い下町地区
famous for a big Buddhist temple	大きなお寺で有名
Shinto shrine	神社
be located right next to each other	隣接して建っている
the local people have the same high respect for both of them	どちらも地元の人々に大切に敬われている
the New Year's holidays	新年の休暇
several hundred thousand people	数十万人
pray for a happy new year	新年のお参りをする
shrine's summer festival	神社の夏祭り
the Sanja Matsuri	三社祭
local people and other festival enthusiasts	地元住民や祭り好きの人たち
jinja's biggest portable shrine	宮神輿
carry ... on their shoulders	かつぐ
lift it up high and then down again to their shoulders	(神輿を)上下に揺らす
shout "Wasshoi! Wasshoi!"	「わっしょい、わっしょい」とかけ声をかける

Part2

climb on top of the portable shrine	神輿の上によじ登る
mistakenly thinking ...	〜と誤って考えて
show how courageous they are	勇壮なところを見せようと
traditional event	伝統行事
to demonstrate their gratitude to ...	〜への感謝を表す
the gods who bring them good fortune and prosperity	幸運と繁栄をもたらす神々

respect the local's religious traditions and feeling of reverence toward the gods	地元の人々の宗教的伝統と敬神の精神に敬意を表する
spectators	見物人
follow ... around the neighborhood	〜のあとについて地域を歩く

(3) DLS 練習

音声 1_10–1_11 の Aki のスピーチをメモを取りながら聞き、内容を自分のことばでまとめて話しましょう。
① 27–28 ページのキーワードを見ながら、話してみましょう。
② キーワードを見ずに自分のことばで話してみましょう。

(4) Dialogue 練習

スピーチの内容に関連したDialogueです。

①シャドーイング練習　MP3 1_16

あなたのパートを何回かシャドーイングしてみましょう。

Elizabeth: So you're from Asakusa?

そうですか。浅草生まれなんですね。

You: Yes, I am.

はい、そうです。

Elizabeth: I think I've seen a very interesting-looking shopping mall leading to the temple on TV. What's it called?

とても面白い感じの商店街がお寺まで続いているのをテレビで見たことがあるような気がします。何と言う商店街でしたっけ？

You: Oh, you mean, Kaminarimon. It has a red gate with a huge hanging paper lantern.

あー、雷門のことですね。巨大な紙の提灯が飾ってある赤い門ですね。

Elizabeth: That's it. I saw so many people on the mall. Is it always like that?

そうそれです。ずいぶん大勢の人で商店街がいっぱいでした。いつもあんなふうなのですか。

You: No. It's like that only on the first three days of the year, when people come to pray at the temple and the shrine. It's probably like Christmas or Easter for Christians. Many more people go to church on those days, don't they?

いえ、あれはお正月の三が日だけですね。お寺と神社にお参りに来るんです。ちょうど、クリスチャンのクリスマスとかイースターと同じじゃないですかね。ふだんよりずっと多くの人が教会に行くでしょう。

Elizabeth: Oh, yes. I guess they do. Even those who aren't regular church-goers go. But that street was really jam-packed, and the TV reporter was saying people had to wait in line for 2 or 3 hours to get to the temple. Is it true?

そうですね。そうすると思います。いつも教会に行ってない人も行きますね。でもあの商店街は、すごい人でしたよ。テレビのレポーターが、お寺に到達するまでに2、3時間も待つと言っていました。本当ですか。

You: Yes, it is, especially on the first day of the year.

ええ、特に元旦はそうです。

Elizabeth: Isn't there trouble, like people pushing and shoving each other to get to the front of the line?

トラブルは起きないんですか。押し合いへしあいで、先に出ようとする人がでるとか。

You: No, usually not. There may be some trouble-makers. But most of the people wait patiently for their turn. They follow the instructions of the police officers on special duty, and stay in line to get to the temple and the shrine.

いえ、ふつうはそういうことはないですね。それは、中には問題を起こす人がいるでしょうけど、たいていの人はちゃんと自分の番を待ちます。特別に警備に出ている警察官の指示に従って、きちんと並んでお寺と神社まで進んで行きます。

Elizabeth: Japanese people are amazingly patient, aren't they?

日本の人は、本当に驚くほど忍耐強いですよね。

You: Especially in front of the gods when they're there to pray for good fortune for the year. They must feel that making trouble or being unkind in front of Buddha and the gods won't help them get their wish.

特に神様の前ではねえ。新しい年が良い年になりますようにってお願いに来ているわけですから。そんなときに仏様や神様の前でトラブルを起こしたり、周りの人に不親切にしたりしたら、願いがかなわないと思うでしょうね。

Elizabeth: I guess so. But I think Japanese people are more disciplined and behave much better than in some other countries even when there's a disaster. We saw that in the Great East Japan Earthquake and Tsunami disaster.

そりゃそうですね。でもやはり日本人は他の国の人たちに比べると、規律正しくてお行儀が良いと思います。災害が発生したときでもそうですよ。東日本大震災のときにもそうだったですよね。

You: That's right. That's something we Japanese can be proud of. I think it's because we basically trust each other, fortunately. We know there are a few bad guys anywhere you go, but we feel most people are trustworthy. I guess we've lived in a small space with so many people for such a long time, we've learned that it's best to trust each other and live in harmony.

そうですね。それは日本人として誇りに思っていいことかもしれません。お互いに基本的な信頼感を持っているんだと思いますね、幸いにして。悪い人はどこにでもいますけど、だいたいの人は信頼できると思うんですよね。長い間せまいところにたくさんの人と暮らしてきたので、お互いに信頼し合い、仲良く暮らすのが良いって思うようになったんでしょう。

Elizabeth: Good for you! And you are lucky, when you think about it, because many people elsewhere don't trust others. Some even keep guns at hand all the time. And that leads to so many sad accidents, too.

それはすばらしいですね。それに日本人は幸運だと思います。考えてみてください。他の地域では多くの人が他人を信頼できないで暮らしています。中にはいつも銃を肌身はなさない人もいますよ。それで悲しい事故も多いですよね。

You: You're right. Yes, I feel we're very lucky.

そうですよね。確かに私たちは幸運ですね。

②会話の練習　MP3 1-17

あなたのパートをスピーディーに英語で話しましょう。慣れてきたら、日本語を見ずに音声だけを使ってElizabethと会話しましょう。

Elizabeth: So you're from Asakusa?

You: はい、そうです。

Elizabeth: I think I've seen a very interesting-looking shopping mall leading to the temple on TV. What's it called?

You: あー、雷門のことですね。巨大な紙の提灯が飾ってある赤い門ですね。

Elizabeth: That's it. I saw so many people on the mall. Is it always like that?

You: いえ、あれはお正月の三が日だけですね。お寺と神社にお参りに来るんです。ちょうど、クリスチャンのクリスマスとかイースターと同じじゃないですかね。ふだんよりずっと多くの人が教会に行くでしょう。

Elizabeth: Oh, yes. I guess they do. Even those who aren't regular church-goers go. But that street was really jam-packed, and the TV reporter was saying people had to wait in line for 2 or 3 hours to get to the temple. Is it true?

You: ええ、特に元旦はそうです。

Elizabeth: Isn't there trouble, like people pushing and shoving each other to get to the front of the line?

You: いえ、ふつうはそういうことはないですね。それは、中には問題を起こす人がいるでしょうけど、たいていの人はちゃんと自分の番を待ちます。特別に警備に出ている警察官の指示に従って、きちんと並んでお寺と神社まで進んで行きます。

Elizabeth: Japanese people are amazingly patient, aren't they?

You: 特に神様の前ではねえ。新しい年が良い年になりますようにってお願いに来ているわけですから。そんなときに仏様や神様の前でトラブルを起こしたり、周りの人に不親切にしたりしたら、願いがかなわないと思うでしょうね。

Elizabeth: I guess so. But I think Japanese people are more disciplined and behave much better than in some other countries even when there's a disaster. We saw that in the Great East Japan Earthquake and Tsunami disaster.

You: そうですね。それは日本人として誇りに思っていいことかもしれません。お互いに基本的な信頼感を持っているんだと思いますね、幸いにして。悪い人はどこにでもいますけど、だいたいの人は信頼できると思うんですよね。長い間せまいところにたくさんの人と暮らしてきたので、お互いに信頼し合い、仲良く暮らすのが良いって思うようになったんでしょう。

Elizabeth: Good for you! And you are lucky, when you think about it, because many people elsewhere don't trust others. Some even keep guns at hand all the time. And that leads to so many sad accidents, too.

You: そうですよね。確かに私たちは幸運ですね。

③クリエイティブ・スピーキング練習

再び音声1_17を使って、Elizabethの質問に、あなたのことばで答えてみましょう。

SESSION 2
仕事の打ち合わせ

2-1 インタビューの手配
(1) スピーチのシャドーイング

音声2_1を聞きながらシャドーイングをしましょう。何回か原稿を見ずに行ったあと、原稿と照らし合わせてできなかったところをチェックしましょう。

MP3 2_1

I'm working for a publishing company based in Tokyo. I'm a member of the foreign novel editorial staff. We recently published a Japanese translation of a science fiction work written by an American author from California. It made a big hit, especially with young readers. So we decided to invite the author to promote the book. The section manager asked me to arrange his interviews with the press. After we released the information, we received requests for 15 interviews from newspapers and magazines, as well as one request for an open lecture from a design school. I've prepared a schedule for the author's stay in Tokyo, and booked a suite at a luxury hotel in Tokyo for three days. I've allotted about one hour for each interview slot. On the first two days, the author will give six interviews per day, two in the morning and four in the afternoon. On the third day, he has three more, before moving to the design school lecture hall to give a speech. After the lecture, he'll hold an autograph session. Eight interviewers and the design school asked us to arrange interpreters. Our company will pay for interpretation for the interviews, but the fee for the lecture will be split between the design school and our company.

私は東京に本社のある出版社に勤めています。外国小説課で編集の仕事をしています。私たちは最近、カリフォルニア出身のアメリカ人作家が書いたサイエンス・フィクションの日本語版を出版しました。これが若い読者を中心に大ヒットとなり、作家を招いて本のプロモーションを行うことになりました。課長の要請で私はマスコミ各社のインタビューを手配することになりました。情報を流すと、新聞社や雑誌社から15件のインタビューの申し込みがあり、さらにあるデザイン学校から一般公開の講演をしてほしいという要請がありました。私は作家の東京での滞在日程を調整し、都内の高級ホテルのスイートルームを3日間予約しました。各インタビュー枠は約1時間としました。最初の2日間、作家は1日6本のインタビューを受けます。午前に2本、午後に4本です。3日目にさらに3本のインタビューを行い、その後、デザイン学校の講義室に移動してスピーチをします。講演のあとはサイン会を行います。インタビューをする8社とデザイン学校から通訳の手配を頼まれました。インタビューの通訳料金は我が社が負担しますが、講演の通訳料は我が社とデザイン学校の折半となります。

(2) キーワードの練習

①発音練習

　単語リストを見ながら英語音声に従って発音練習をしましょう。

②クイック・レスポンス

　日本語音声を聞いて、素早く英語を出せるように練習しましょう。

MP3
2_2,2_3

I'm working for a publishing company.	私は出版社に勤めている
It is based in Tokyo.	東京に本社がある
editorial staff	編集部員
We published a Japanese translation.	日本語版を出版した
an American author from California	カリフォルニア出身のアメリカ人作家
It made a big hit.	大ヒットとなった
to promote the book	本をプロモーションするために
arrange interviews with the press	マスコミのインタビューの設定をする
release the information	その情報を公開する
receive requests	要請を受ける
book a suite at a luxury hotel	高級ホテルのスイートルームを予約する

allot one hour for each interview slot	各インタビュー枠に1時間を割り当てる
move to the lecture hall	講義室に移動する
give a speech	スピーチをする
hold an autograph session	サイン会をする
The fee will be split.	料金は折半となる

(3) DLS 練習

音声 2_1 のスピーチをメモを取りながら聞き、内容を自分のことばでまとめて話してみましょう。
① 34–35 ページのキーワードを見ながら、話してみましょう。
② キーワードを見ずに、自分のことばで内容をまとめて、話してみましょう。

(4) Dialogue 練習

スピーチの内容に関連した Dialogue です。Bill はあなたの上司です。あなたに本のプロモーションについて質問します。

① シャドーイング練習　MP3 2_4

あなたのパートを何回かシャドーイングしてみましょう。

Bill: I hear the new science fiction book is a big hit. Who's reading it?

新しいサイエンス・フィクションが大ヒットだそうだね。誰が読んでるの？

You: It's popular with every generation, but mostly it's attracting young readers.

すべての年齢層で受けていますが、特に若い読者を引き付けています。

Bill: High school or university students?

中高生とか大学生とか？

You: I don't have the data now, but I think the core readers are male university students who are interested in mechanics or engineering.

今、データを持っていませんが、中心は機械学や工学に関心のある男子大学生です。

Bill: Have you set the schedule for the author's visit?

作家の来日スケジュールはもう決まったの？

You: Yes. I've reserved his flight and hotel room.

はい、飛行機とホテルを予約しました。

Bill: What sort of responses have you got for promotional interviews?

プロモーション用のインタビューについての反応はどうかね。

You: We've got very good responses on such short notice.

かなり日が迫ってから知らせたわりに、とてもいい反応が返ってきました。

Bill: How many requests have you received?

何件の要請が入ったの？

You: Fifteen interviews in total, four from major newspapers and eleven from magazines.

インタビューが全部で15件です。4件は大手新聞社、11件は雑誌社です。

Bill: Pretty good! How about an autograph event?

すごくいいねえ。サイン会はどうなっている？

You: A design school in Tokyo wants to have him give a lecture for their students and anyone else interested. We'll set up a sales booth in the lobby and hold an autograph session after the lecture.

東京のデザイン学校が学生と一般聴衆向けに講演をしてほしいと言っています。ロビーに販売ブースを設置して、講演のあと、サイン会をします。

Bill: Have you arranged interpreters?

通訳は手配したの？

You: Yes. Nowadays, young interviewers generally speak good English, but this time eight of the fifteen interviewers say they need an interpreter. I think we can cover the cost with our budget.

はい。この頃は、若いインタビュアーはだいたい英語がよくできるのですが、今回は15人中8人が通訳が必要だと言っています。その費用は予算でまかなえると思います。

Bill: Will you hire an interpreter for the lecture, too?

講演会の通訳も雇うのかい？

You: Yes, but we'll split the fee with the design school.

はい。でも費用はデザイン学校と折半です。

Bill: All right. I'm looking forward to your report on how it goes.

わかった。結果を報告してくれるのを楽しみに待っているよ。

②会話の練習　MP3 2_5

あなたのパートをスピーディーに英語で話しましょう。慣れてきたら、日本語を見ずに音声だけを使ってBillと会話しましょう。

Bill: I hear the new science fiction book is a big hit. Who's reading it?

You: すべての年齢層で受けていますが、特に若い読者を引き付けています。

Bill: High school or university students?

You: 今、データを持っていませんが、中心は機械学や工学に関心のある男子大学生です。

Bill: Have you set the schedule for the author's visit?

You: はい、飛行機とホテルを予約しました。

Bill: What sort of responses have you got for promotional interviews?

You: かなり日が迫ってから知らせたわりに、とてもいい反応が返ってきました。

Bill: How many requests have you received?

You: インタビューが全部で15件です。4件は大手新聞社、11件は雑誌社です。

Bill: Pretty good! How about an autograph event?

You: 東京のデザイン学校が学生と一般聴衆向けに講演をしてほしいと

言っています。ロビーに販売ブースを設置して、講演のあと、サイン会をします。

Bill: Have you arranged interpreters?

You: はい。この頃は、若いインタビュアーはだいたい英語がよくできるのですが、今回は 15 人中 8 人が通訳が必要だと言っています。その費用は予算でまかなえると思います。

Bill: Will you hire an interpreter for the lecture, too?

You: はい。でも費用はデザイン学校と折半です。

Bill: All right. I'm looking forward to your report on how it goes.

③クリエイティブ・スピーキング練習

　再び、音声 2_5 を使って、Bill の質問に、あなたのことばで答えてみましょう。

Who's reading it?

It's attracting young readers.

2-2 スーパーマーケットの特売の目玉商品

(1) スピーチのシャドーイング

　音声2_6を聞きながらシャドーイングをしましょう。何回か原稿を見ずに行ったあと、原稿と照らし合わせてできなかったところをチェックしましょう。

MP3 2_6

　I'm working for a supermarket. I was asked to coordinate a special food sale campaign. The campaign will last for two weeks. I have to ask the chiefs of different food sections what kind of food products they can offer for the campaign. To really attract customers, we need to discount at least 30 percent off the price. The seafood section chief says they'll offer fresh crabs direct from a fishing port in Niigata. The vegetable section's list includes tomatoes, lettuce, and broccoli from an organic farm run by a famous actress. The fruit section will get tropical fruit from Okinawa. The dairy section will provide a variety of cheese products from a first class farm in Hokkaido. Now I'm waiting for a proposal from the liquor section. I want liquor products to be the loss leaders. I expect to lure customers by selling high quality liquor below cost. Then they'll also buy the profitable items and that will make up for the loss on liqour.

　私はスーパーマーケットで働いています。食品特別セールキャンペーンのまとめ役をするように頼まれました。キャンペーンの期間は2週間です。いろいろな食品部門の主任にどんな製品をキャンペーンに提供してもらえるか聞かなければいけません。顧客を強く引き付けるためには、もとの価格から30％以上安くする必要があります。鮮魚部の主任は新潟の漁港から直送の新鮮なカニを提供すると言っています。野菜部のリストには有名な女優が経営する有機農場のトマト、レタス、ブロッコリが入っています。果物部は沖縄のトロピカル・フルーツを取り寄せます。乳製品部は北海道にある一流の農場のさまざまなチーズ製品を提供します。今は、酒類製品部からの提案を待っています。私はお酒を目玉商品にしたいのです。高品質のお酒を原価以下で販売することで、顧客を引き寄せられると期待しています。また、顧客は収益性のある製品も買ってくれるでしょうから、お酒の目玉商品で被る損の埋め合わせをしてくれるでしょう。

(2) キーワードの練習

①発音練習

単語リストを見ながら英語音声に従って発音練習をしましょう。

②クイック・レスポンス

日本語音声を聞いて、素早く英語を出せるように練習しましょう。

MP3 2_7, 2_8

coordinate a special food sale campaign	食品特別セールキャンペーンのまとめ役をする
It lasts for two weeks.	それは2週間続く
what kind of food products they can offer	どんな食品製品を提供できるか
to really attract customers	顧客を強く引き付けるために
discount 30 percent off the price	もとの価格から30％値引きする
fresh crabs directly from a fishing port	漁港から直送の新鮮なカニ
an organic farm run by a famous actress	有名女優が経営する有機農場
a first class farm in Hokkaido	北海道の一流農場
a loss leader	目玉商品
sell high quality products below cost	高品質の製品を原価以下で売る
profitable items	収益性のある商品
make up for the loss	損の埋め合わせをする

(3) DLS 練習

音声2_6のスピーチをメモを取りながら聞き、内容を自分のことばでまとめて話してみましょう。

① 上記のキーワードを見ながら、話してみましょう。
② キーワードを見ずに、自分のことばで内容をまとめて、話してみましょう。

(4) Dialogue 練習

スピーチの内容に関連したDialogueです。Billは酒売り場の責任者

です。

①シャドーイング練習 MP3 2_9

あなたのパートを何回かシャドーイングしてみましょう。

You: Hi, Bill. Have you decided the products you can offer for the special food campaign?

やあ、ビル。食品特別キャンペーンに提供する製品を決めた？

Bill: Not yet. How about special wine selections?

まだだよ。特選ワインはどうかな。

You: Not bad. But I wonder whether wines will be real loss leaders.

悪くないね。でも、ワインが本当の目玉商品になるかなあ。

Bill: What makes you say that?

そう言う理由は？

You: We expect if we sell high quality products below cost, customers will rush in. But that's only possible if they know the real value of the products.

原価以下で高品質製品を売ったら、お客さんが殺到するとわれわれは期待する。でも、それは製品の本当の価値をお客さんが知っている場合だけだよ。

Bill: You mean they have to be able to tell that it's good quality wine.

つまり、お客さんがワインの質を見分られなくちゃいけないということかい。

You: That's right. I don't think there are many wine connoisseurs among our regular customers.

そうだよ。われわれの常連客にワイン通がそんなにたくさんいるとは思えない。

Bill: Umh. I have another idea. A special beer sale. People know more about beer, like taste, quality and price.

うーん。もう1つ考えがある。特別ビールセールだ。ビールなら味、品質、価格についてもっと知識があるだろう。

You: That sounds great. Can you sell 1000 cans or bottles at half price every day?

それはすごくいいねえ。毎日 1000 本を半額で売れるかな。

Bill: It'll be a big loss for us.
われわれにとっては大損だよ。

You: Here's a list of local beer manufacturers across Japan. Some of them are interested in test marketing their new products and others want to advertize their products to consumers in a big city. Will you contact them and see if they're interested in our event?
ここに日本中のご当地ビールメーカーのリストがある。新製品のテスト販売に関心を持っているところや、大都市で自社製品の宣伝をしたいと思っているところがある。連絡してわれわれのイベントに興味があるかどうか聞いてみたらどうかな。

Bill: Certainly.
承知した。

You: Will you report their response to me by the end of this week?
今週末までに、反応を私に報告してくれるかな。

Bill: Yes. I will. I'll also make a draft sales plan.
そうする。それから、販売計画の草案も作るよ。

You: Great.
すばらしい。

②会話の練習　MP3 2_10

あなたのパートをスピーディーに英語で話しましょう。「ポーン」という効果音が聞こえたら、すぐにあなたのパートを話し始めてください。慣れてきたら、日本語を見ずに音声だけを使って Bill と会話しましょう。

You: やあ、ビル。食品特別キャンペーンに提供する製品を決めた？

Bill: Not yet. How about special wine selections?

You: 悪くないね。でも、ワインが本当の目玉商品になるかなあ。

Bill: What makes you say that?

You: 原価以下で高品質製品を売ったら、お客さんが殺到するとわれわれは期待する。でも、それは製品の本当の価値をお客さんが知っている場合だけだよ。

Bill: You mean they have to be able to tell that it's good quality wine.

You: そうだよ。われわれの常連客にワイン通がそんなにたくさんいるとは思えない。

Bill: Umh. I have another idea. A special beer sale. People know more about beer, like taste, quality and price.

You: それはすごくいいねえ。毎日1000本を半額で売れるかな。

Bill: It'll be a big loss for us.

You: ここに日本中のご当地ビールメーカーのリストがある。新製品のテスト販売に関心を持っているところや、大都市で自社製品の宣伝をしたいと思っているところがある。連絡してわれわれのイベントに興味があるかどうか聞いてみたらどうかな。

Bill: Certainly.

You: 今週末までに、反応を私に報告してくれるかな。

Bill: Yes. I will. I'll also make a draft sales plan.

You: すばらしい。

③クリエイティブ・スピーキング練習
　再び、音声2_10を使って、あなたのことばでBillと会話してみましょう。

SESSION 3
得意先への電話対応

3-1 プレゼン日程の調整
(1) スピーチのシャドーイング

音声3_1を聞きながらシャドーイングをしましょう。何回か原稿を見ずに行ったあと、原稿と照らし合わせてできなかったところをチェックしましょう。

MP3 3_1

Yu Iwami works for a design firm, Universal Design. The company offers space design solutions for offices, homes, exhibition spaces and so on. The Elizabeth Handover Research Institute is a company giving courses on human relations management. The institute is expanding its office and asked Universal Design to make a proposal for their new office space. Yu Iwami has been assigned to the project and is going to propose a design to meet the institute's requirements.

Iwami calls the institute to make an appointment to present his proposal. When he first calls the institute, a secretary answers the phone. He is told that his client is not in. So he tells the secretary he will call again. Later, his client calls him back before he calls for the second time. He sets a date for his presentation on the phone.

石見祐氏は、デザイン会社、ユニヴァーサル・デザインの社員です。この会社は事務所や、住宅、展示場などのスペースの設計を提案する会社です。エリザベス・ハンドオーヴァー研究所は人間関係の管理に関する講座を実施する会社です。同研究所では、事務所の拡張に伴い、新しいオフィス・スペースのデザインをユニヴァーサル・デザイン社に依頼しました。石見氏はこのプロジェクトの担当で、研究所の要件に沿って設計提案

をすることになっています。
　石見氏は、提案書のプレゼンのため研究所に電話を入れます。最初は事務員が電話に出て、クライアントは留守でした。あとでかけ直すと伝えますが、2度目の電話をする前に、クライアントのほうから電話が入り、プレゼンの日取りを決めます。

(2) キーワードの練習
①発音練習
　単語リストを見ながら英語音声に従って発音練習をしましょう。
②クイック・レスポンス
　日本語音声を聞いて、素早く英語を出せるように練習しましょう。

MP3
3_2,3_3

design firm	デザイン会社、設計会社
Universal Design	ユニヴァーサル・デザイン（会社の名前）
offer space design solutions	スペースの設計を提案する
exhibition spaces	展示スペース
the Elizabeth Handover Research Institute	エリザベス・ハンドオーヴァー研究所
human relations management	人間関係の管理
expand its office	事務所の拡張
be assigned to the project	プロジェクトの担当になる
make his design proposal	（彼の）設計を提案する
secretary	秘書、事務員
call back	もらった電話に答えて電話をする

(3) DLS 練習
　音声3_1のスピーチをメモを取りながら聞き、内容を自分のことばでまとめて話してみましょう。
① 上記のキーワードを見ながら、話してみましょう。
② キーワードを見ずに、自分のことばで内容をまとめて話してみましょう。

(4) Dialogue 練習

スピーチの内容に関連した電話でのDialogueです。

①シャドーイング練習　MP3 3_4

あなたのパートを何回かシャドーイングしてみましょう。

Jane: Hello, this is the Elizabeth Handover Research Institute. Jane Brook, speaking.

もしもし、エリザベス・ハンドオーヴァー研究所、ジェイン・ブルックでございます。

You: Hello. This is Yu Iwami of Universal Design. May I speak to Ms. Elizabeth Handover?

もしもし、ユニヴァーサル・デザイン社の石見祐です。エリザベス・ハンドオーヴァーさんはいらっしゃいますか。

Jane: Hi, Mr. Iwami. Just a moment. I'll see if she's in.

あー、石見様。ちょっとお待ちください。いるかどうか確認いたしますので。

Jane: Mr. Iwami, I am sorry she doesn't seem to be in her office right now, but she should be back at any moment. Can I have her call you back?

石見様、すみません。今ちょっと席をはずしているようでございますが、すぐ戻るはずですので、こちらからお電話し直してよろしいでしょうか。

You: Oh, I'll call her again later, because I have to go out for lunch soon with some clients. Will she be in the office this afternoon? Do you know?

いえ、私のほうからまたお電話します。これからクライアントとの昼食に出なければなりませんから。ハンドオーヴァーさんは今日の午後はいらっしゃいますか。

Jane: She's scheduled to be in all afternoon, but she has an appointment here with a client from 3:00 to 4:00.

午後はずっといる予定でございますが、3時から4時の間は、当事務所でのお客様とのお約束が入っております。

You: So, I should call her either before 3:00 or after 4:00. OK, I'll do that. Will you tell her that I called?

わかりました。3時前か4時過ぎにお電話すればいいですね。そういたします。私から電話があったことだけお伝えいただけますか。

Jane: Yes, of course.

はい、もちろん伝えます。

Elizabeth: Hello, this is Elizabeth Handover of the Elizabeth Handover Research Institute. May I speak to Mr. Iwami? He called me this morning and I'm returning his call.

もしもし。エリザベス・ハンドオーヴァー研究所のハンドオーヴァーです。石見さまはいらっしゃいますか。今朝、石見さんからお電話をいただいたのですが。

You: Oh, hello, Ms. Handover. Thank you for calling me back. I was going to call you.

あー、ハンドオーヴァーさん、すみません、お電話いただいてしまって。こちらからおかけするつもりでした。

Elizabeth: That's all right. Have you got a proposal for me?

いえ、大丈夫です。提案書はできましたでしょうか。

You: Yes, I do. It's ready. When can we come in to show it to you?

はい、できました。いつでしたら、伺ってお見せできますでしょうか。

Elizabeth: Oh, let's see. How about next Friday afternoon, around 3:00?

そうですね。来週金曜日はどうですか。午後3時ごろでは？

You: That would be fine.

大丈夫です、伺います。

Elizabeth: Good! Next Friday, at 3:00 in my office, then.

よかった。では来週金曜日の3時に、私のオフィスで。

You: We'll be there. Thank you.

はい、その時間に伺います。ありがとうございました。

②会話の練習　MP3 3_5

あなたのパートをスピーディーに英語で話しましょう。慣れてきたら、日本語を見ずに音声だけを使って、Jane, Elizabethと会話しましょう。

Jane: Hello, this is the Elizabeth Handover Research Institute. Jane Brook, speaking.

You: もしもし、ユニヴァーサル・デザイン社の石見祐です。エリザベス・ハンドオーヴァーさんはいらっしゃいますか。

Jane: Hi, Mr. Iwami. Just a moment. I'll see if she's in.

Jane: Mr. Iwami, I am sorry she doesn't seem to be in her office right now, but she should be back at any moment. Can I have her call you back?

You: いえ、私のほうからまたお電話します。これからクライアントとの昼食に出なければなりませんから。ハンドオーヴァーさんは今日の午後はいらっしゃいますか。

Jane: She's scheduled to be in all afternoon, but she has an appointment here with a client from 3:00 to 4:00.

You: わかりました。3時前か4時過ぎにお電話すればいいですね。そういたします。私から電話があったことだけお伝えいただけますか。

Jane: Yes, of course.

Elizabeth: Hello, this is Elizabeth Handover of the Elizabeth Handover Research Institute. May I speak to Mr. Iwami? He called me this morning and I'm returning his call.

You: あー、ハンドオーヴァーさん、すみません、お電話いただいてしまって。こちらからおかけするつもりでした。

Elizabeth: That's all right. Have you got a proposal for me?

You: はい、できました。いつでしたら、伺ってお見せできますでしょうか。

Elizabeth: Oh, let's see. How about next Friday afternoon, around 3:00?

You: 大丈夫です、伺います。

Elizabeth: Good! Next Friday, at 3:00 in my office, then.

You: はい、その時間に伺います。ありがとうございました。

③クリエイティブ・スピーキング練習

再び、音声 3_5 を使って、Jane, Elizabeth の質問に、あなたのことばで答えてみましょう。

3-2 日本の新技術を紹介する

(1) スピーチのシャドーイング

音声3_6–3_7を聞きながらシャドーイングをしましょう。何回か原稿を見ずに行ったあと、原稿と照らし合わせてできなかったところをチェックしましょう。

Part1

Koichi Takami works for a group company of Saito Corporation, a major construction company in Tokyo. Takami's company does demolition of high-rise buildings. As many ultra-high-rise buildings all over the world are getting older, a Japanese company has developed an amazing state-of-the-art demolition technology which is safer and more eco-friendly.

Elizabeth Johnson is the president of an American demolition company. Her company is collaborating with Takami's firm. Takami has sent a report explaining the state-of-the-art demolition method Taisei Corporation is using for the deconstruction of the Akasaka Prince Hotel.

高見幸一氏は東京の大手建設企業、斉東建設のグループ会社で働いています。高見氏の会社は高層ビルの解体の仕事をしています。世界中で古い超高層ビルが増える中、驚くような最先端の、安全で環境にやさしい解体技術が日本の企業によって開発されました。

エリザベス・ジョンソン氏はあるアメリカの解体業者の社長です。彼女の会社は高見氏の会社と提携しています。高見氏は、大成建設による赤坂プリンスホテルの解体作業で現在使われているこの最先端の技術を説明する報告書をジョンソン氏に送りました。

Part2

The method is called the TECOREP, or Taisei Ecological Reproduction System. Demolition moves floor by floor from top to bottom using a jack to lower the existing roof. It is a revolutionary new system that allows dismantling work to be done in an enclosed space. It is much safer for the workers, as they don't need to work on scaffolds outside the building, exposed to sun, rain and strong winds. It is also eco-friendly, as the enclosure prevents dust and particles generated by the demolition from spreading. Disassembled construction materials are reused, and so is the energy generated by dropping the materials to ground level.

The system was first used to demolish a 105-meter office building in Otemachi, Tokyo. Takami thought Johnson would probably want to know more about this new technology. After he sent the report to her, she calls him as he has anticipated.

この方法はテコレップ（大成エコロジカル・リプロダクション）システムと呼ばれています。解体はジャッキ装置で上から下へと、1階ずつ進み、屋上が下がっていきます。画期的な新システムで、既存の建物の屋上を利用し、閉鎖空間の中で解体作業を進めることができます。作業をする人にとっては、建物の周りに作られる仮の足場で太陽光や雨風にさらされながら作業する必要がないので、ずっと安全です。また、この方法は環境にもやさしいものです。閉鎖空間での作業により粉じんの飛散を防ぐことができるからです。また、解体された建設資材は再利用され、資材を地上まで降ろすときに発生したエネルギーも再利用されます。

このシステムは、東京の大手町にあった105メートルの高さのビルの解体に初めて使われました。高見氏は、ジョンソン氏がこの新技術について詳しく知りたがるだろうと考えていました。案の定、報告書を送るとジョンソン氏から電話が入りました。

(2) キーワードの練習

①発音練習

単語リストを見ながら英語音声に従って発音練習をしましょう。

②クイック・レスポンス

日本語音声を聞いて、素早く英語を出せるように練習しましょう。

Part1

Saito Corporation	斉東建設
a major construction company	大手建設会社
demolition of high-rise buildings	高層ビルの解体
ultra-high-rise buildings	超高層ビル
state-of-the-art demolition technology	最先端の解体技術
eco-friendly	環境にやさしい

an American demolition company	アメリカの解体業者
the deconstruction of the Akasaka Prince Hotel	赤坂プリンスホテルの解体

Part2

the TECOREP, or the Taisei Ecological Reproduction System	テコレップ（大成エコロジカル・リプロダクション）システム
demolition moves floor by floor from top to bottom	解体は上から下へと1階ずつ進む
a revolutionary new system	画期的な新しいシステム
lower the existing roof	既存の建物の屋上を下げる
dismantling work	解体作業
in an enclosed space	閉鎖空間で
exposed to sun, rain and strong winds	太陽光や雨風にさらされる
the enclosure	閉鎖空間
dust and particles	粉じん
prevent ... from spreading	〜の飛散を防ぐ
construction materials	建設資材
the energy generated by dropping materials to ground level	資材を地上まで降ろすときに発生したエネルギー
as he has anticipated	案の定、予想した通り

(3) DLS 練習

音声 3_6–3_7 のスピーチをメモを取りながら聞き、内容を自分のことばでまとめて話してみましょう。
① 51–52 ページのキーワードを見ながら、話してみましょう。
② キーワードを見ずに、自分のことばで内容をまとめて、話してみましょう。

(4) Dialogue 練習

スピーチの内容に関連した電話での Dialogue です。

①シャドーイング練習　MP3 3_12

あなたのパートを何回かシャドーイングしてみましょう。

You: Demolition Department. Koichi Takami speaking.

解体部、高見です。

Elizabeth: Hello, Mr. Takami. This is Elizabeth Johnson. How are you?

高見さん、ジョンソンです。お元気？

You: Oh, Ms. Johnson. Fine, just fine. I thought I might get a phone call from you.

あー、ジョンソンさん。おかげさまで。お電話がくるんじゃないかと思ってたところです。

Elizabeth: You have good intuition.

勘がいいですね。

You: Did you get my document explaining the Taisei hotel demolition?

大成の例のホテルの解体作業を説明したファイルは届きましたか。

Elizabeth: I did. It's very interesting. It sounds like a great state-of-the art demolition project. What's the name of the hotel?

ええ、いただきました。とても面白かったです。すばらしい最先端の解体プロジェクトのようね。ホテルは何ホテルでしたっけ？

You: Akasaka Prince Hotel.

赤坂プリンスホテルです。

Elizabeth: Right. Akasaka Prince. I think I stayed there once. Have you seen the demolition site yourself?

そうそう。赤坂プリンスね。泊まったことがあると思うわ。現場を見ました？

You: Yes I have. They let me take a look at the demolition work.

ええ、見てきました。作業も見せてもらいました。

Elizabeth: Good.

それは上々。

You: In fact, I talked to some people at the sub-contractor company to sound out if we can work together outside

Japan.

実は、ちょっと業者の人とも話してみました。海外で一緒にやる気がないか探ってみました。

Elizabeth: What was their reaction?

あちらの反応はどうでした？

You: Not bad. I think they're willing to talk.

悪くなかったですよ。話をしてくれる感じでした。

Elizabeth: Excellent! But maybe I should see the site myself, too.

すばらしいわ！　でも私も自分で現場を見たほうがよいわねえ。

You: That's what I thought you would say.

そうおっしゃるんじゃないかと思ってました。

Elizabeth: How far has the demolition of the hotel advanced so far?

解体はどのくらい進んでいます？

You: Well, the hotel was originally 140 meters tall, that's 2 months ago. And as of last Friday, it was 110, so it's down 30 meters.

えーと、ホテルはもともと高さ140メートルだったんですが、2か月前のことです。それが先週金曜日には110メートルで、30メートル低くなってました。

Elizabeth: How long will it take to finish?

あとどのくらいかかるのかしら、終わるまでに。

You: They're demolishing two floors at a time. They told me that they'll finish all the floors above ground by May.

一度に2階分ずつ解体が進んでいます。地上階の解体は5月までには終わるって言ってました。

Elizabeth: I have time to fly over and stay in Tokyo for a couple of days next week, if they'll let me see it. Can you arrange that for me?

来週東京へ飛んで数日なら滞在する時間を作れるんですけど、現場を見せてもらえるならね。手筈を整えていただけます？

You: I think I can. Let me get back to you tomorrow morning.

大丈夫だと思いますが、朝まで時間をいただけますか。

Elizabeth: Fine. I'll be waiting for your call first thing in the morning.

結構ですわ。朝一番でご連絡お待ちしています。

②会話の練習

あなたのパートをスピーディーに英語で話しましょう。「ポーン」という効果音が聞こえたら、すぐにあなたのパートを話し始めてください。慣れてきたら、日本語を見ずに音声だけを使って Elizabeth と会話しましょう。

You: 解体部、高見です。

Elizabeth: Hello, Mr. Takami. This is Elizabeth Johnson. How are you?

You: あー、ジョンソンさん。おかげさまで。お電話がくるんじゃないかと思ってたところです。

Elizabeth: You have good intuition.

You: 大成の例のホテルの解体作業を説明したファイルは届きましたか。

Elizabeth: I did. It's very interesting. It sounds like a great state-of-the art demolition project. What's the name of the hotel?

You: 赤坂プリンスホテルです。

Elizabeth: Right. Akasaka Prince. I think I stayed there once. Have you seen the demolition site yourself?

You: ええ、見てきました。作業も見せてもらいました。

Elizabeth: Good.

You: 実は、ちょっと業者の人とも話してみました。海外で一緒にやる気がないか探ってみました。

Elizabeth: What was their reaction?

You: 悪くなかったですよ。話をしてくれる感じでした。

Elizabeth: Excellent! But maybe I should see the site myself, too.

You: そうおっしゃるんじゃないかと思ってました。

Elizabeth: How far has the demolition of the hotel advanced so far?

You: えーと、ホテルはもともと高さ140メートルだったんですが、2か月前のことです。それが先週金曜日には110メートルで、30メートル低くなってました。

Elizabeth: How long will it take to finish?

You: 一度に2階分ずつ解体が進んでいます。地上階の解体は5月までには終わるって言ってました。

Elizabeth: I have time to fly over and stay in Tokyo for a couple of days next week, if they'll let me see it. Can you arrange that for me?

You: 大丈夫だと思いますが、朝まで時間をいただけますか。

Elizabeth: Fine. I'll be waiting for your call first thing in the morning.

③クリエイティブ・スピーキング練習

　再び、音声3_13を使って、あなたのことばでElizabethと会話してみましょう。

SESSION 4
販売戦略会議

4-1 老舗和食レストランの改革
(1) スピーチのシャドーイング

音声 4_1–4_2 を聞きながらシャドーイングをしましょう。何回か原稿を見ずに行ったあと、原稿と照らし合わせてできなかったところをチェックしましょう。

Part 1

I'm a business consultant. The other day, the young owner of a small restaurant visited me. He recently took over an old restaurant which was run by his grandparents for about thirty years. It's a traditional Japanese restaurant serving noodles and tempura. The restaurant was very successful until some years ago, but suffered a slump after many of their regular customers got old and left town to live with their children or in care facilities. But a large apartment complex was built in the area about a year ago, and young families have started to move in. So the owner wants to change his restaurant to attract new young customers.

私はビジネスコンサルタントです。先日、小さなレストランの若いオーナーが私のもとを訪れました。彼は祖父母がおよそ30年間経営してきた古いレストランを最近引き継いだのです。それはうどんと天ぷらを出す伝統的な和食レストランです。数年前までレストランはとても成功していたのですが、常連客の多くが年をとって街を離れ子どもたちのところや介護施設に行ってしまってから、経営不振に陥りました。しかし、およそ1年前、この地域に大きな団地が建設されて、若い家族が引っ越してきました。そこでオーナーは新しい若い顧客を引き付けるためにレストランを変革したいと思っています。

Part2

No business is immune to a sales slump. It may be because of changing market conditions, decline in consumer confidence, or new competitive threats. There are 3 key sales strategies small businesses can take to overcome a slump: setting sales objectives, conducting market analysis, and selecting sales channels.

My client's sales objective seems to be clear. It's to serve a growing group of new members of the community, namely, young couples and families with small children. He has to figure out how best to serve them, that is, he must identify his potential customers' needs. He's trying to do this by listing reasons why people might come to his restaurant.

The second key to success is to carry out good market analysis and make a business plan based on that. The owner thinks that a casual Japanese restaurant has a good chance of meeting an unfulfilled need in the market. I think we must study the first two points further before we start developing the third strategy of selecting sales channels.

売上不振と無縁なビジネスなどありません。それは市場の状態の変化、消費者の信頼の低下や新しい競争の脅威などが原因でしょう。小さな企業が不振を乗り越えるには3つの主要な戦略があります。販売目的を定める、市場分析をする、そして販売経路を選ぶことです。

私のクライアントの販売目的ははっきりしているようです。増えつつある、コミュニティの新しいメンバー、つまり若い夫婦や子どものいる家族にサービスを提供することです。彼はどうすればいちばんそれができるかを考えなければいけません。それはすなわち、潜在的顧客のニーズを見出すことです。彼はそのために、人々が自分のレストランに来るとしたらその理由になると思われるものをリストアップしようとしています。

彼の成功の2番目の鍵は適切な市場分析をしてそれに合わせた経営計画を作ることです。オーナーはカジュアルな和食レストランなら市場で満たされていないニーズに応えられる可能性が十分にあると考えました。われわれは3番目の戦略、つまり販売経路の選択を行う前に、まず、最初の2つの点を検討しなければならないと思います。

(2) キーワードの練習

①発音練習

単語リストを見ながら英語音声に従って発音練習をしましょう。

②クイック・レスポンス

日本語音声を聞いて、素早く英語を出せるように練習しましょう。

Part1

MP3
4_3,4_4

a business consultant	ビジネスコンサルタント
the young owner of a small restaurant	小さなレストランの若いオーナー
take over an old restaurant	古いレストランを引き継ぐ
a traditional Japanese restaurant	伝統的な和食レストラン
serve noodles	うどんを出す
until some years ago	数年前まで
suffer a slump	不振に苦しむ
regular customers	常連客
care facilities	介護施設
a large apartment complex	大きな団地
change a restaurant	レストランを変える
attract new young customers	新しい若い顧客を引きつける

Part2

MP3
4_5,4_6

be immune to a sales slump	売上不振と無縁である
changing market conditions	変化する市場の状態
decline in consumer confidence	消費者の信頼の低下
new competitive threats	新しい競争の脅威
key sales strategies	鍵となる販売戦略
overcome a slump	不振を乗り越える
set sales objectives	販売目的を定める
conduct market analysis	市場分析をする
select sales channels	販売経路を選ぶ
new members of the community	コミュニティの新しいメンバー

families with small children	小さな子どものいる家族
figure out how best to serve them	どうすればいちばんよくサービスを提供できるかを考える
identify his potential customers' needs	潜在的な顧客のニーズを見分ける
list possible reasons	可能性のある理由をリストアップする
carry out good market analysis	適切な市場分析をする
make a business plan	経営計画を作る
have a good chance of meeting a need	ニーズに応えられる十分な可能性がある
an unfulfilled need in the market	市場で満たされていないニーズ
select sales channels	販売経路を選ぶ

(3) DLS 練習

音声4_1-4_2のスピーチをメモを取りながら聞き、内容を自分のことばでまとめて話してみましょう。
① 59-60ページのキーワードを見ながら、話してみましょう。
② キーワードを見ずに自分のことばで内容をまとめて、話してみましょう。

(4) Dialogue 練習

スピーチの内容に関連したDialogueです。Billはレストランのオーナーであなたのクライアントです。

①シャドーイング練習　MP3 4_7

あなたのパートを何回かシャドーイングしてみましょう。

You: What kind of restaurant do you have now?
　　　今どのような種類のレストランを経営しているのですか？

Bill: It's a traditional Japanese restaurant.
　　　伝統的な和食レストランです。

You: How large is it? In other words, how many customers can you serve at one time?

どれぐらいの規模ですか。言い方を変えれば、一度に何人の顧客にサービスを提供できますか？

Bill: Maybe thirty at most. We have a large space, but I'm the only cook. We have only two waitresses.

たぶん、最大 30 人です。大きなスペースはあるのですが、調理人が私 1 人しかいません。ウエイトレスもたった 2 人です。

You: You said you used to be successful but now you're in a slump. What do you think caused the slump?

かつてははやっていたけれど今は不振だそうですね。その原因はなんだと思いますか？

Bill: Perhaps, the change in my customer base. The old people, who have been our core customers, are leaving town and more young families are moving in.

たぶん、顧客層の変化だと思います。私たちの中心的顧客だった高齢者が街を離れ、若い家族が移ってきています。

You: What kind of meals do you serve?

どんな食事を出しているのですか？

Bill: Noodles and tempura. I think old people like them, but young people don't.

うどんと天ぷらです。高齢者は好きですが、若い人は好きではないと思います。

You: Do you want to change the menu?

メニューを変えたいですか？

Bill: Yes. I'd like to serve casual, home-style Japanese meals. Nowadays, most young wives have jobs. They're very busy because they have to work outside and do most of the housework, too, taking care of the children and cooking meals for the family.

カジュアルで家庭的な和食を出したいと思います。今は、ほとんどの結婚した若い女性が仕事を持っています。彼らはとても忙しいんです。外で働き、子どもの世話、家族のための食事作りなど家事のほとんどもやっています。

You: So you say if you serve casual meals at a reasonable price, people will bring their families to your restaurant. But there are already major casual dining chains. What's new about your restaurant? Why do you think people would choose your place rather than other casual restaurants?

つまり、手頃な価格でカジュアルな食事を出せば、あなたのレストランに家族を連れてくるとおっしゃるんですね。でも、すでに大手のカジュアルレストランのチェーン店があります。あなたのレストランの新しいところはなんですか。人々が他のカジュアルレストランではなくあなたのところを選ぶ理由は何だと思いますか？

Bill: The first reason would be the price. I'm thinking about serving semi-prepared meals at a low price.

まず値段です。半分調理した食事を低価格で提供することを考えています。

You: Semi-prepared meals? What do you mean?

半分調理した食事ですって？　どういう意味ですか。

Bill: Please take a look at this menu plan. We'll serve washed and cut vegetables and half-way cooked meat and fish, with a variety of seasonings and condiments.

このメニュープランを見てください。私たちはきれいに洗って切った野菜、半加工した肉と魚、それにいろんな調味料や香辛料を提供します。

You: I see. The customers will finish cooking the items they pick and arrange them on their plates themselves. It's a sort of do-it-yourself restaurant. But young mothers will bring small children. Won't that be a problem?

なるほど。顧客に選んだ食材に仕上げのひと手間をかけてもらって、自分でお皿に盛り付けるように頼むんですね。自分で作るDIYレストランのようなものか。しかし、若いお母さんたちは幼い子どもを連れてきます。それは難しいんじゃありませんか？

Bill: My wife used to work for a child daycare center. She'll take care of babies and young children, while the mothers and fathers prepare their food. We have extra space for short time child care.

私の妻はかつて保育園で働いていました。お父さんたちやお母さんたちがお料理の準備をしているあいだ、彼女が赤ちゃんや幼い子どもたちの面倒をみます。余ったスペースがありますから、そこで一時保育サービスができます。

You: So it would be something between an ordinary restaurant and a dining room at home. Very interesting. Would you bring a draft business plan next time? I'd like to hear more about your cost-benefit prospects.

そうすると、あなたのレストランは普通のレストランと自宅のダイニングルームの中間のようなものになりそうですね。とても興味深いです。次回はビジネスの計画案を持ってきてくださいますか？　費用便益の側面についてもっと伺いたいと思います。

②会話の練習

あなたのパートをスピーディーに英語で話しましょう。「ポーン」という効果音が聞こえたら、すぐにあなたのパートを話し始めてください。慣れてきたら、日本語を見ずに音声だけを使ってBillと会話しましょう。

You: 今どのような種類のレストランを経営しているのですか？

Bill: It's a traditional Japanese restaurant.

You: どれぐらいの規模ですか。言い方を変えれば、一度に何人の顧客にサービスを提供できますか？

Bill: Maybe thirty at most. We have a large space, but I'm the only cook. We have only two waitresses.

You: かつてははやっていたけれど今は不振だそうですね。その原因はなんだと思いますか？

Bill: Perhaps, the change in my customer base. The old people, who have been our core customers, are leaving town and more young families are moving in.

You: どんな食事を出しているのですか？

Bill: Noodles and tempura. I think old people like them, but young people don't.

You: メニューを変えたいですか？

Bill: Yes. I'd like to serve casual, home-style Japanese meals. Nowadays, most young wives have jobs. They're very busy because they have to work outside and do most of the housework, too, taking care of the children and cooking meals for the family.

You: つまり、手頃な価格でカジュアルな食事を出せば、あなたのレストランに家族を連れてくるとおっしゃるんですね。でも、すでに大手のカジュアルレストランのチェーン店があります。あなたのレストランの新しいところはなんですか。人々が他のカジュアルレストランではなくあなたのところを選ぶ理由は何だと思いますか？

Bill: The first reason would be the price. I'm thinking about serving semi-prepared meals at a low price.

You: 半分調理した食事ですって？　どういう意味ですか。

Bill: Please take a look at this menu plan. We'll serve washed and cut vegetables and half-way cooked meat and fish, with a variety of seasonings and condiments.

You: なるほど。顧客に選んだ食材に仕上げのひと手間をかけてもらって、自分でお皿に盛り付けるように頼むんですね。自分で作るDIYレストランのようなものか。しかし、若いお母さんたちは幼い子どもを連れてきます。それは難しいんじゃありませんか？

Bill: My wife used to work for a child daycare center. She'll take care of babies and young children, while the mothers and fathers prepare their food. We have extra space for short time child care.

You: そうすると、あなたのレストランは普通のレストランと自宅のダイニングルームの中間のようなものになりそうですね。とても興味深いです。次回はビジネスの計画案を持ってきてくださいますか？費用便益の側面についてもっと伺いたいと思います。

③クリエイティブ・スピーキング練習
　再び、音声4_8を使って、クライアントのBillに対し、あなたのことばで質問してみましょう。

4-2 結婚式場の提携戦略

(1) スピーチのシャドーイング

音声 4_9–4_10 を聞きながらシャドーイングをしましょう。何回か原稿を見ずに行ったあと、原稿と照らし合わせてできなかったところをチェックしましょう。

Part1

I work for the Banquet Department of The Hotel of Tokyo. I'm in charge of wedding ceremonies and receptions. We have a beautiful European style chapel and a Shinto style ceremony hall, and different types of banquet rooms to satisfy a diverse range of customers. However, our business has dropped off badly. My boss asked me to propose a business strategy to bring back customers. I studied the market and found that all the establishments like ours are experiencing the same thing. Some of our competitors have even gotten out of this business.

I think the reason is rather simple. It's because the number of young people who marry is decreasing, and fewer people want to have a fancy wedding ceremony. But is it really true that young people are not interested in getting married? According to a recent social survey, most of them believe getting married and having a family would make them happy. There are two major discouraging factors though, the dwindling economy and diminishing chances for young men and women to find a partner.

　私は東京ホテルの宴会部に勤めています。結婚式や披露宴の担当です。うちには美しいヨーロッパスタイルのチャペルと神前結婚式のためのホールがあり、多様な範囲の顧客に合わせていろいろなタイプの披露宴会場があります。しかし、われわれのビジネスはひどく落ち込んでいます。上司から、顧客を取り戻すためのビジネス戦略を提案するように頼まれました。市場状況を調べたところ、これがよく似た施設のすべてに共通する現象だということがわかりました。競合他社の中には、このビジネスから撤退したところもあります。
　私は、理由はむしろ単純だと思います。結婚をする若い人が減り、豪華な結婚式をしたいと思う人も減っているからです。しかし、若い人達が結婚に興味がないというのは

本当でしょうか。最近のある社会調査によれば、ほとんどの人が結婚をして家族を持てば幸せになれると信じています。しかし、彼らの気持ちをくじく大きな要因が2つあります。景気の悪化と、若い男女が将来のパートナーを見つけるチャンスが減っていることです。

Part2

So I'd like to propose promoting marriage-related business through a joint marketing strategy. We'll tie up with a marriage consultant to organize matchmaking events. And we'll organize communication seminars for young people, because they need good communications skills to attract potential partners. After they find a partner, they would of course need a place to live. So a real estate company will help them. The first tier of our joint marketing network will consist of our banquet department, a marriage consultant, a communication skills consultant and a real estate company. Joint marketing should cut our costs and allow us to offer our products and services to customers at a lower price.

We'll also form a second tier of our joint sales network. It will include a maternity clinic, a baby goods shop and a child care center. In the future, we may need a law firm to help couples reach an amicable settlement in divorces. This kind of comprehensive marriage business will benefit both young people and our hotel.

そこで、私はジョイント・マーケティングによる結婚関連ビジネスのプロモーションを提案したいと思います。結婚コンサルタントと提携してお見合いのイベントを開きます。そして若者向けコミュニケーションセミナーを開催します。パートナーになってくれそうな人を引き付けるためには、優れたコミュニケーション能力が必要だからです。パートナーが見つかったら、もちろん住むところを確保する必要があります。そこで、不動産会社が彼らの助けになれます。われわれのジョイント・マーケティングの最初の階層はうちの宴会部、結婚コンサルタント会社、コミュニケーション能力コンサルタント、そして不動産会社から構成されます。ジョイント・マーケティングはコストを節約し、われわれは安い価格で顧客に製品やサービスを提供できるはずです。

また、共同販売ネットワークにおける次なる階層には産科クリニック、ベビー用品店、そして保育所が含まれます。将来的には、離婚の際の円満な和解ができるように法律事務所も必要になるかもしれません。こういう総合的な結婚ビジネスは、若い人々と私た

ちのホテル両方に有益でしょう。

(2) キーワードの練習
①発音練習
単語リストを見ながら英語音声に従って発音練習をしましょう。
②クイック・レスポンス
日本語音声を聞いて、素早く英語を出せるように練習しましょう。

Part1

work for the Banquet Department	宴会部に勤める
be in charge of wedding ceremonies	結婚式を担当する
satisfy a diverse range of customers	多様な範囲の顧客を満足させる
business has dropped off	ビジネスが落ち込んだ
propose a business strategy	ビジネス戦略を提案する
bring back customers	顧客を取り戻す
get out of this business	このビジネスから撤退する
the number of young people who marry is decreasing	結婚する若い人の数が減っている
want to have a fancy wedding ceremony	豪華な結婚式をしたい
are not interested in getting married	結婚することに興味がない
according to a recent social survey	最近の社会調査によると
have a family	家族を持つ
major discouraging factors	気持ちをくじく大きな要因
dwindling economy	景気の悪化

Part2

promote marriage-related business	結婚関連ビジネスのプロモーションをする
a joint marketing strategy	ジョイント・マーケティング戦略
tie up with a marriage consultant	結婚コンサルタントと提携する
matchmaking events	お見合いイベント

attract potential partners	パートナーになってくれそうな人を引き付ける
a place to live	住む場所
a real estate company	不動産会社
the first tier	最初の層
consist of...	〜から成る
cut our costs	われわれのコストを節約する
offer our products at a lower price	われわれの製品をより安い価格で提供する
a joint sales network	共同販売ネットワーク
a maternity clinic	産科クリニック
a child care center	保育所
a law firm	法律事務所
an amicable settlement in divorces	離婚の際の円満な和解
benefit young people	若者にとって有益である

(3) DLS 練習

音声4_9-4_10のスピーチをメモを取りながら聞き、内容を自分のことばでまとめて話してみましょう。
① 67-68ページのキーワードを見ながら、話してみましょう。
② キーワードを見ずに自分のことばで話してみましょう。

(4) Dialogue 練習

スピーチの内容に関連したDialogueです。Billはあなたの上司です。

①シャドーイング練習　MP3 4_15

あなたのパートを何回かシャドーイングしてみましょう。

Bill: Have you got a good idea?
　　　いい考えが浮かんだか？

You: Yes. I'd like to propose a marriage promotion business.
　　　はい。結婚プロモーションビジネスを提案したいと思います。

Bill: Marriage promotion? Are you serious? The Hotel of Tokyo is going to start a dating service?

結婚プロモーション？ 本気で言ってるのか？ 東京ホテルがお見合いのためのデートサービスを始めるってわけか？

You: Please, listen. I studied why we're losing wedding ceremony business. There are several reasons. One is the fact that the young population is shrinking and another is that they're not interested in getting married.

どうかお聞きください。なぜわれわれの結婚式ビジネスが落ち込んでいるのか調べました。いくつかの理由があります。一つは若者人口が縮小していること、もう一つは彼らが結婚に興味がないことです。

Bill: Then, it's beyond our control.

それなら、われわれはどうしようもないだろう。

You: However, they actually want to be married and have a family, according to a recent survey.

しかし、最近の調査によると、実際は結婚して家族を持ちたいと思っているんです。

Bill: Why don't they marry then?

それならなぜ結婚しないんだ？

You: It's because of the bad economy and also a lack of chances to find a partner.

それは景気が悪いこと、またパートナーを見つけるチャンスがないことによります。

Bill: Do you mean we are going to give them dating opportunities?

つまり、われわれがデートのチャンスを作ってやるということか。

You: That's part of my plan. But I want to do it through joint marketing. We'll tie up with a marriage consultant business to organize matchmaking events.

それも私のプランの一つです。しかし、私はジョイント・マーケティングによってやりたいのです。結婚コンサルタント企業と提携して、お見合いイベントを開催します。

Bill: Using our banquet rooms?

うちの宴会場を使って？

You: That's right. We'll also organize communication seminars, because they need good communication skills to attract potential partners.

その通りです。また、コミュニケーションセミナーも開きます。パートナーになってくれそうな人を引き付けるには上手なコミュニケーション能力が必要ですから。

Bill: Uhm…

うーん…

You: Naturally, they have to find a place to live after they find a partner. So we'll introduce them to a good real estate company. We'll form a joint marketing network consisting of our banquet department, a marriage consultant, a communication skill advisor and a real estate company. Through joint marketing, we can improve our cost and offer lower priced services to customers.

パートナーを見つけたら、当然、住む場所を見つけなければなりません。そこで、うちで良い不動産会社を紹介します。うちの宴会部、結婚コンサルタント、コミュニケーション能力アドバイザー、不動産会社からなるジョイント・マーケティングネットワークを作ります。ジョイント・マーケティングを通して、コストを改善し顧客により安い価格のサービスを提供できます。

Bill: What a wild idea!

なんという荒唐無稽な話だ！

You: We'll also form a second tier service network, connecting with a maternity clinic, a baby goods shop and a child care center.

また次なる階層のサービスネットワークとして産科クリニック、ベビー用品店、保育園をつなぎます。

Bill: Are we going to take care of their babies, too?

うちが赤ん坊の世話までするのか？

You: Looking into the future, we may even include a law firm.

将来的には法律事務所も入れるかもしれません。

Bill: A law firm?

法律事務所だって？

You: Yes. A law firm to help with amicable settlement of divorces. This kind of comprehensive marriage business will be beneficial to both young people and our hotel.

はい。法律事務所は離婚の際の円満解決を助けるでしょう。こういう総合的な結婚ビジネスは、若い人たちとうちのホテルの両方に有益です。

Bill: All right. Thank you for your very interesting ideas, but it doesn't sound realistic. Can you bring me some concrete data to support the feasibility of your proposal?

わかった。大変面白いアイデアをありがとう。しかし、現実的とは思えない。君の提案の実行可能性を裏付けるような具体的なデータを持ってこれるかな。

You: Sure. I'm happy you like my proposal.

もちろんです。私の提案を気に入ってくださってうれしいです。

Bill: Well, I'm not sure.

さあ、それはどうかな。

---

②会話の練習　MP3 4_16

あなたのパートをスピーディーに英語で話しましょう。慣れてきたら、日本語を見ずに音声だけを使ってBillと会話しましょう。

Bill: Have you got a good idea?

You: はい。結婚プロモーションビジネスを提案したいと思います。

Bill: Marriage promotion? Are you serious? The Hotel of Tokyo is going to start a dating service?

You: どうかお聞きください。なぜわれわれの結婚式ビジネスが落ち込んでいるのか調べました。いくつかの理由があります。一つは若者人口が縮小していること、もう一つは彼らが結婚に興味がないことです。

Bill: Then, it's beyond our control.

You: しかし、最近の調査によると、実際は結婚して家族を持ちたいと思っているんです。

Bill: Why don't they marry then?

You: それは景気が悪いこと、またパートナーを見つけるチャンスがないことによります。

Bill: Do you mean we are going to give them dating

opportunities?

You: それも私のプランの一つです。しかし、私はジョイント・マーケティングによってやりたいのです。結婚コンサルタント企業と提携して、お見合いイベントを開催します。

Bill: Using our banquet rooms?

You: その通りです。また、コミュニケーションセミナーも開きます。パートナーになってくれそうな人を引き付けるには上手なコミュニケーション能力が必要ですから。

Bill: Uhm…

You: パートナーを見つけたら、当然、住む場所を見つけなければなりません。そこで、うちで良い不動産会社を紹介します。うちの宴会部、結婚コンサルタント、コミュニケーション能力アドバイザー、不動産会社からなるジョイント・マーケティングネットワークを作ります。ジョイント・マーケティングを通して、コストを改善し顧客により安い価格のサービスを提供できます。

Bill: What a wild idea!

You: また次なる階層のサービスネットワークとして産科クリニック、ベビー用品店、保育園をつなぎます。

Bill: Are we going to take care of their babies, too?

You: 将来的には法律事務所も入れるかもしれません。

Bill: A law firm?

You: はい。法律事務所は離婚の際の円満解決を助けるでしょう。こういう総合的な結婚ビジネスは、若い人たちとうちのホテルの両方に有益です。

Bill: All right. Thank you for your very interesting ideas, but it doesn't sound realistic. Can you bring me some concrete data to support the feasibility of your proposal?

You: もちろんです。私の提案を気に入ってくださってうれしいです。

Bill: Well, I'm not sure.

③クリエイティブ・スピーキング練習
　再び、音声 4_16 を使って、Bill の質問に、あなたのことばで答えてみましょう。

> Have you got a good idea?

> Yes.

SESSION 5
苦情の応対

5-1 ドライヤーが壊れてしまった！

(1) スピーチのシャドーイング

音声 5_1-5_2 を聞きながらシャドーイングをしましょう。何回か原稿を見ずに行ったあと、原稿と照らし合わせてできなかったところをチェックしましょう。

Part1

I'm a salesclerk at an electric appliance shop in downtown Tokyo. I enjoy my work because we have very good customers and I'm proud of our high quality products and service. The other day, an old man came to the shop, and said he bought a hair dryer three weeks before but it didn't work properly. He said he came back two days later and asked one of our sales assistants to check it. She checked it, but didn't find anything wrong. She explained how to use it, and he thought he understood her explanation. However, he still had trouble switching between cold air and hot air. He tried to fix the problem by himself by switching it on and off many times, and finally broke the hair dryer.

私は東京の中心街にある電器店の販売員です。私は自分の仕事を楽しんでいます。良い顧客に恵まれているし、うちの品質の高い製品とサービスに誇りを持っているからです。先日、ある高齢の男性が店にやってきました。3週間前にヘア・ドライヤーを買ったが正常に動かなかった。2日後にここに戻って、うちのスタッフに製品を調べるように頼んだと言いました。彼女が調べたところ、どこにも変なところは見つかりませんでした。彼女は使い方の説明をして、その男性は説明がわかったと思いました。しかし、それでも冷風と温風のスイッチをうまく切り替えることができませんでした。自分で直そうとして何度もスイッチを切り替え、とうとうヘア・ドライヤーを壊してしまいました。

Part2

When I met the man, he was angry. He said he had just wanted to replace the old hair dryer he had been using for a long time with another one of the same model, but the manufacturer had stopped making it, so he had to buy a new model. He complained the new one was more expensive with a lot of functions he didn't need, and the instructions were too complicated. He also said the sales assistant he'd talked to the other day had not been very helpful. She spoke too fast and he wasn't able to follow her.

I asked him to show me his receipt and checked the length of the product warranty. I found we could repair the hair dryer at no cost to him.

私が会ったとき、彼は怒っていました。男性は、自分はただ長いこと使ってきた古いヘア・ドライヤーを同じモデルのものに買い換えたかっただけだと言いました。それなのに、メーカーがそのドライヤーの製造をやめてしまい、新しいモデルを買わなければならなかったと。男性は、新製品は自分が必要としないたくさんの機能がついていて値段が高い、そして取り扱い説明書があまりに複雑になったと不満を述べました。また、先日話をしたスタッフはあまり親切ではなかった、とても早口で話したためついていけなかったということでした。

私は領収書を見せるようにお願いし、製品の保証期間を確認しました。すると、無料で修理できることがわかったのです。

(2) キーワードの練習

①発音練習

単語リストを見ながら英語音声に従って発音練習をしましょう。

②クイック・レスポンス

日本語音声を聞いて、素早く英語を出せるように練習しましょう。

Part1

a sales assistant at an electric appliance shop	電気店の販売員
be proud of our high quality products	品質の高い製品を誇りに思う

work properly	正常に動く
ask one of our sales assistants to check it	うちの店員の一人にそれを調べるよう頼む
does not find anything wrong	何も異常は見つからない
how to use it	使い方
have trouble switching between cold air and hot air	冷風と温風のスイッチの切り替えがうまくいかない
try to fix the problem by oneself	自分で問題を解決しようとする
switch it on and off many times	何度もスイッチを入れたり切ったりする

Part2

MP3 5_5,5_6

replace the old product with another one of the same model	古い製品を同じモデルの別の製品に取り替える
The instruction became too complicated.	説明書があまりに複雑になった
check the length of the product warranty	製品の保証期間を調べる
at no cost to the customer	顧客の金銭的負担なしに

(3) DLS 練習

音声 5_1-5_2 のスピーチをメモを取りながら聞き、内容を自分のことばでまとめて話してみましょう。
① 75-76 ページのキーワードを見ながら、話してみましょう。
② キーワードを見ずに自分のことばで内容をまとめて、話してみましょう。

(4) Dialogue 練習

スピーチの内容に関連した Dialogue です。

①シャドーイング練習　MP3 5_7

あなたのパートを何回かシャドーイングしてみましょう。

Bill: Hello.

こんにちは。

You: Can I help you, sir?

何か御用ですか。

Bill: I bought this hair dryer three weeks ago but it didn't work. So I came back and asked your sales assistant what to do. She said nothing was wrong with it. She said I didn't use it correctly, and told me what to do.

この製品を3週間前に買ったんですが、動かなかったんです。それでここに戻ってきておたくのスタッフにどうしたらいいか聞きました。彼女は、製品はどこもおかしくないと言いました。また、私の扱いが正しくなかったと言って、使い方を教えてくれました。

You: Did that solve the problem?

問題は解決したんですか。

Bill: Yes, for a while. But then it didn't work right again. I switched it on and off a lot, but it still didn't work. Can you replace this with the old model? I used that one for a long time.

まあ、しばらくは。しかし、また故障したんです。何度もスイッチを入れたり切ったりしましたが、動きませんでした。これを私が長いあいだ使ってきた古いモデルの製品と交換してくれませんか？

You: I'm sorry. The old model is no longer available. The manufacturer doesn't make it any more.

申し訳ありません。古いモデルはもう販売しておりません。メーカーが生産を中止したのです。

Bill: Why do you always recommend new models? They're always more expensive with a lot of new functions I don't need. And the instructions are too complicated. You're more interested in making a profit than serving your customers!

あなたがたはなぜいつも新しいモデルを勧めるのですか？　いつも値段が高くなっているし、私が使わない新しい機能がいっぱいついています。取り扱い説明書は複雑すぎます。お客さんにサービスするよりも収益をあげることに熱心なんですね。

You: We always try to do our best to serve our customers. Let me think what we can do for you. Do you have your receipt?

私どもはいつもお客様にサービスするために最大の努力をしようとしています。どうさせていただけるか考えてみます。製品の領収書をお持ちですか。

Bill: Sure. Here you are.

もちろん。さあ、どうぞ。

You: Let me check the product warranty. Oh, we can repair the hair dryer at no cost to you. Do you want us to do that?

この製品の保証条件を確認させていただきます。ああ、この製品はお客様のご負担なく修理ができます。修理を希望されますか。

Bill: For free? How fast can you do it?

無料で？ どれぐらいでできますか？

You: In a week.

1週間以内です。

Bill: That sounds good, but even if you fix it, I may have trouble using it again.

それならいいなあ、しかし修理してもまたトラブルになるかもしれない。

You: Are you worried you won't know how to use it and might break it again?

使い方がわからなくて製品を壊してしまうのがご心配ですか？

Bill: Yeah. The instructions are printed in tiny letters and they're hard to understand.

ああ。取り扱い説明書は小さな文字で印刷されていて、わかりにくい。

You: Didn't the salesclerk you saw the other day explain how to use it?

先日お会いになった販売員は説明しませんでしたか？

Bill: I don't like to say this, but she wasn't very helpful. She spoke too fast and I couldn't follow her.

こんなことは言いたくないが、彼女はあまり親切じゃなかった。すごい早口でしゃべって、ついていけなかった。

You: I'm very sorry about that. After the hair dryer comes back from the repair shop, I'll take time for you. I promise I'll answer all your questions.

まことに申し訳ありません。製品が修理工場から戻ってきましたら、私がお客様のために時間をとって、あらゆるご質問にお答えします。

Bill: You're really a nice lady. My grandfather used to say you could always find a good product in the hands of a good person. I think he was right.

君はなかなかすてきな女性だね。私の祖父はよく、良い製品はいつも良い人の手の中にあると言っていた。その通りだと思うよ。

②会話の練習

あなたのパートをスピーディーに英語で話しましょう。慣れてきたら、日本語を見ずに音声だけを使って Bill と会話しましょう。

Bill: Hello.

You: 何か御用ですか。

Bill: I bought this hair dryer three weeks ago but it didn't work. So I came back and asked your sales assistant what to do. She said nothing was wrong with it. She said I didn't use it correctly, and told me what to do.

You: 問題は解決したんですか。

Bill: Yes, for a while. But then it didn't work right again. I switched it on and off a lot, but it still didn't work. Can you replace this with the old model? I used that one for a long time.

You: 申し訳ありません。古いモデルはもう販売しておりません。メーカーが生産を中止したのです。

Bill: Why do you always recommend new models? They're always more expensive with a lot of new functions I don't need. And the instructions are too complicated. You're more interested in making a profit than serving your customers!

You: 私どもはいつもお客様にサービスするために最大の努力をしようとしています。どうさせていただけるか考えてみます。製品の領収書をお持ちですか。

Bill: Sure. Here you are.

You: この製品の保証条件を確認させていただきます。ああ、この製品はお客様のご負担なく修理ができます。修理を希望されますか。

Bill: For free? How fast can you do it?

You: 1週間以内です。

Bill: That sounds good, but even if you fix it, I may have trouble using it again.

You: 使い方がわからなくて製品を壊してしまうのがご心配ですか？

Bill: Yeah. The instructions are printed in tiny letters and they're hard to understand.

You: 先日お会いになった販売員は説明しませんでしたか？

Bill: I don't like to say this, but she wasn't very helpful. She spoke too fast and I couldn't follow her.

You: まことに申し訳ありません。製品が修理工場から戻ってきましたら、私がお客様のために時間をとって、あらゆるご質問にお答えします。

Bill: You're really a nice lady. My grandfather used to say you could always find a good product in the hands of a good person. I think he was right.

③クリエイティブ・スピーキング練習

再び、音声5_8を使って、あなたの店にやってきたBillに接客してみましょう。

5-2 母の誕生日に贈った花束

(1) スピーチのシャドーイング

音声 5_9 を聞きながらシャドーイングをしましょう。何回か原稿を見ずに行ったあと、原稿と照らし合わせてできなかったところをチェックしましょう。

MP3
5_9

Two months ago, I sent a bouquet of flowers to my mother on her birthday. She's 80 years old. She's been living alone since my father passed away. I wanted to visit her and celebrate her birthday together, but I was too busy with work. So I decided to send her a gift. She loves flowers. I asked a local flower shop to send a bouquet of pink roses and oriental lilies. It cost 70 dollars, but it looked gorgeous and I was satisfied. Soon my mother gave me a call and said she was so happy with the beautiful gift. She also thanked me for always thinking about her. I was glad to hear that the gift gave her such joy.

However, when I visited my brother yesterday, he told me that the flowers were wilted. He said Mother made him promise not to tell me about it, because she didn't want to disappoint me. I immediately called the flower shop. The sales assistant who had taken my order for the bouquet answered the phone.

2ヶ月前、私は母の誕生日に花束を送りました。母は80歳です。父が亡くなってから一人暮しをしています。母のもとを訪れて一緒に誕生日のお祝いをしたかったのですが、仕事で忙しかったのでできませんでした。それで贈り物を送ることにしました。母は花が好きです。私は地元の花屋さんにピンクのバラとオリエンタル・リリーの花束を送るように頼みました。70ドルしましたがとても豪華で、私は満足しました。すぐに母から電話があり、美しい贈り物をもらってとても幸せだということでした。母は、自分のことをいつも考えてくれてありがとうと言ってくれました。贈り物がこんなに喜んでもらえて、私もうれしかったです。

ところが、昨日、兄を訪ねたところ、その花がしおれていたと聞かされました。兄が言うには、私をがっかりさせたくないから言わないようにと母が頼んだそうです。私はすぐに花屋さんに電話をかけました。贈り物の注文を受けてくれた販売員が電話に出ました。

(2) キーワードの練習
① 発音練習
　単語リストを見ながら英語音声に従って発音練習をしましょう。
② クイック・レスポンス
　日本語音声を聞いて、素早く英語を出せるように練習しましょう。

MP3
5_10,5_11

send a bouquet of flowers to my mother	母親に花束を送る
on her birthday	彼女の誕生日に
be living alone	一人暮らしをしている
celebrate her birthday	彼女の誕生日を祝う
be busy with work	仕事で忙しい
It cost 70 dollars.	それは70ドルした
give me a call	私に電話をかける
He was on the phone.	彼が電話に出た

(3) DLS 練習
　音声5_9のスピーチをメモを取りながら聞き、内容を自分のことばでまとめて話しましょう。
① 上記のキーワードを見ながら、話してみましょう。
② キーワードを見ずに自分のことばで内容をまとめて話してみましょう。

(4) Dialogue 練習
　スピーチの内容に関連したDialogueです。Billは花束の注文を受けた店員です。きちんと苦情を伝えましょう。Elizabethがあなたの役を務めますが、名前を名乗る場面では、あなたの名前を言ってください。

①シャドーイング練習　MP3 5_12
　あなたのパートを何回かシャドーイングしてみましょう。

Bill: Hello. This is Happy Flower Service. May I help you?

もしもし。こちらはハッピー・フラワー・サービスです。御用を承ります。

You: This is Elizabeth Handover. Two months ago, I asked your shop to send a bouquet of flowers to my mother on her birthday.

エリザベス・ハンドオーヴァーです。2ヶ月前、おたくのお店に母の誕生日の花束を送るようにお願いしました。

Bill: Yes. I remember you, Ms. Handover. You chose a bouquet of pink roses and oriental lilies.

はい、覚えていますよ。ピンクのバラとオリエンタル・リリーの花束を選ばれましたね。

You: Yesterday, I found out the flowers were wilted.

その花がしおれていたことが昨日わかったんです。

Bill: Wilted? But I remember you called me the other day and said your mother was happy with your gift.

しおれていたんですか？ しかし、先日お電話をいただいて、お母様があなたの贈り物をとても喜んでおられたとおっしゃっていましたが。

You: That's right, but it wasn't true.

そうです。でもそれは本当のことではなかったんです。

Bill: How do you know?

どうやってわかったんですか？

You: My brother told me. He knew, but my mother asked him not to tell me. She didn't want to make me feel bad.

兄から聞いたんです。兄はそのことを知っていたんですが、私には言わないようにと頼まれていました。母は私をがっかりさせたくなかったんです。

Bill: I'm sorry that the flowers were wilted. I sincerely apologize.

花がしおれていて申し訳ありません。心からお詫びします。

You: Would you please send her a new bouquet?

母に新しい花束を送っていただけますか？

Bill: Certainly. Do you want the same flowers?

かしこまりました。同じお花になさいますか？

You: What do you think? Do you have a suggestion?

どう思われますか。何かアドバイスがありますか？

Bill: How about sending the same bouquet with a beautiful flower vase? The flower vase is a gift from our shop as a token of apology. We'll deliver them to your mother tomorrow.

<small>同じ花束に美しい花瓶をつけて送られるようお勧めします。花瓶は当店のお詫びの印にさせていただきます。明日、お母様にお届けします。</small>

You: Oh, that's great. Thank you.

<small>それはすばらしい。ありがとう。</small>

Bill: Sorry again about the flowers. We'll serve you better in the future.

<small>繰り返しになりますが、お花のことは申し訳ございません。よりよいサービスに努めますので、これからもどうぞよろしくお願いします。</small>

②会話の練習　MP3 5_13

あなたのパートをスピーディーに話しましょう。慣れてきたら、日本語を見ずに音声だけを使ってBillと会話をしましょう。

Bill: Hello. This is Happy Flower Service. May I help you?

You: エリザベス・ハンドオーヴァーです。2ヶ月前、おたくのお店に母の誕生日の花束を送るようにお願いしました。

Bill: Yes. I remember you, Ms. Handover. You chose a bouquet of pink roses and oriental lilies.

You: その花がしおれていたことが昨日わかったんです。

Bill: Wilted? But I remember you called me the other day and said your mother was happy with your gift.

You: そうです。でもそれは本当のことではなかったんです。

Bill: How do you know?

You: 兄から聞いたんです。兄はそのことを知っていたんですが、私には言わないようにと頼まれていました。母は私をがっかりさせたくなかったんです。

Bill: I'm sorry that the flowers were wilted. I sincerely apologize.

You: 母に新しい花束を送っていただけますか？

Bill: Certainly. Do you want the same flowers?

You: どう思われますか。何かアドバイスがありますか？

Bill: How about sending the same bouquet with a beautiful flower vase? The flower vase is a gift from our shop as a token of apology. We'll deliver them to your mother tomorrow.

You: それはすばらしい。ありがとう。

Bill: Sorry again about the flowers. We'll serve you better in the future.

③クリエイティブ・スピーキング練習

　再び音声5_13を使って、Billに対して、あなたのことばで苦情を伝えてみましょう。

SESSION 6
高齢化社会のビジネス戦略

6-1 高齢化社会をよりよいものにするために
(1) スピーチのシャドーイング

音声6_1を聞きながらシャドーイングをしましょう。何回か原稿を見ずに行ったあと、原稿と照らし合わせてできなかったところをチェックしましょう。

MP3 6_1

　We all know the population is aging in Japan. The first group of baby boomers turned 65 years old in 2012. They were born in 1947. What should Japan do to accommodate its aging population?

　First of all, we have to challenge our assumptions. The growth of the elderly population is not a bad thing. Rather it's a success story for mankind to be living longer. Why do we tend to focus on the negative aspects of aging? It's not true that people are productive before 65 but suddenly become a social burden after 65. In fact, a lot of seniors continue to work. Others volunteer or make charitable contributions. They're also active consumers. If they're given more opportunities, they could contribute to the economy and the community in more effective and productive ways. What is needed to make that happen?

　First, we need to introduce new political policies and innovative programs to promote healthy aging. This requires advances in medicine. As we get older, we have a greater risk of getting diabetes, cancer, Alzheimer's and other diseases.

　私たちはみんな日本が高齢化していることを知っています。ベビーブーム世代の最初

のグループが 2012 年に 65 歳になりました。その人たちは 1947 年生まれです。日本は人口の高齢化にどのように適応するべきでしょうか。

　まず、はじめに、私たちの思い込みを見つめ直さなければなりません。高齢人口の増加は悪いことではありません。むしろ、寿命が伸びたのは人類にとっての成功物語です。なぜ、年を取ることのマイナス面に注目する傾向があるのでしょうか。65 歳までは生産的で、65 歳を超えると突然社会のお荷物になるというのは真実ではありません。実際、たくさんの高齢者が仕事を続けます。他の人はボランティアをしたり、慈善団体に寄付をしたりしています。また、活発な消費者でもあります。もっと機会を与えられれば、経済にもコミュニティにももっと効果的に、生産的に貢献するでしょう。それを実現するために、何が必要でしょうか。

　第一に健康的に年をとることを促進するための新しい政策や革新的なプログラムを取り入れる必要があります。それは医学の進歩を必要とします。年をとるにつれて、私たちは糖尿病、がん、アルツハイマー病などの病気にかかるリスクが高くなります。

(2) キーワードの練習

①発音練習
　単語リストを見ながら英語音声に従って発音練習をしましょう。

②クイック・レスポンス
　日本語音声を聞いて、素早く英語を出せるように練習しましょう。

MP3
6_2,6_3

The population is aging.	人口が高齢化している
They turned 65 years old.	彼らは 65 歳になった
accommodate an aging population	人口の高齢化に適応する
challenge our assumptions	自分たちの思い込みを見つめ直す
a success story for mankind	人類の成功物語
be able to live longer	より長く生きられる
focus on the negative aspects	否定的な側面に焦点をあてる
People are productive before 65.	人々は 65 歳になる前は生産的である
a social burden	社会のお荷物
volunteer	（動詞）ボランティア活動をする
make charitable contributions	慈善団体に寄付をする
contribute to the economy	経済に貢献する
to promote healthy aging	健康な高齢化を促進するために

advances in medicine	医学の進歩
a greater risk of getting diseases	病気になるより大きなリスク

(3) DLS 練習

音声 6_1 の高齢化社会についてのスピーチをメモを取りながら聞き、内容を自分のことばでまとめて話してましょう。
① 87-88 ページのキーワードを見ながら、話してみましょう。
② キーワードを見ずに自分のことばで内容をまとめて、話してみましょう。

(4) Dialogue 練習

スピーチの内容に関連した Dialogue です。

①シャドーイング練習　MP3 6_4

あなたのパートを何回かシャドーイングしてみましょう。

Bill: I hear Japan is the most rapidly aging country in the world. Do you think so?

日本は世界で一番急速に高齢化が進んでいるそうですね。そう思いますか？

You: Yes. People live much longer than before. My grandmother is 94 years old now. Living to be older than 90 is no longer rare these days. In my neighborhood, we have at least five people in their 90s.

ええ。人々の寿命は以前より長くなりました。私の祖母は 94 歳ですが、90 歳を超えるのはもう珍しくありません。近所には 90 歳代の人が 5 人はいます。

Bill: Are they increasing rapidly?

急速に増えているの？

You: Yes. The first generation of baby boomers became seniors in 2012.

はい、ベビーブームの最初の世代が 2012 年に高齢者の仲間入りをしました。

Bill: When were they born?

その人たちはいつ生まれたの？

You: I think in 1947. They turned 65 years old in 2012.

1947年だと思います。2012年に65歳になりました。

Bill: By definition, you're called a senior after you pass 65, but you don't become a social burden all of a sudden when you turn 65.

定義によると65歳を超えると高齢者と呼ばれる。だけれど、65歳になったとたんに社会のお荷物になるわけではないよね。

You: You're right. Many seniors are healthy and active. Some people continue to work and others do volunteer work.

その通り。多くの高齢者は健康で活動的です。仕事を続けたりボランティアをしたりしています。

Bill: People are worried the working population will shrink and cause a serious labor shortage. Why don't we ask healthy seniors to work?

みんな労働人口が減って深刻な労働力の不足が起こると心配している。健康な高齢者に働いてもらったらどうかな。

You: I think they'd be willing to work if they were given more opportunities, but there's a risk when you hire old people.

機会があれば喜んで働くでしょう。しかし、高齢者を雇うにはリスクもあります。

Bill: Health is a factor, maybe. As we get older, we're more likely to fall ill.

健康上の要因があるよね。年を取ると病気にかかりやすくなる。

You: That's true, but I think medicine will advance further. After all, it's thanks to better medicine that societies are aging now.

その通りですね。しかし医学はもっと発達すると思います。結局、高齢化社会が現れたのは医学の進歩のおかげなんです。

Bill: Yes, indeed.

まったくその通りだね。

②会話の練習

あなたのパートをスピーディーに英語で話しましょう。慣れてきたら、日本語を見ずに音声だけを使ってBillと会話しましょう。

Bill: I hear Japan is the most rapidly aging country in the world. Do you think so?

You: ええ。人々の寿命は以前より長くなりました。私の祖母は 94 歳ですが、90 歳を超えるのはもう珍しくありません。近所には 90 歳代の人が 5 人はいます。

Bill: Are they increasing rapidly?

You: はい、ベビーブームの最初の世代が 2012 年に高齢者の仲間入りをしました。

Bill: When were they born?

You: 1947 年だと思います。2012 年に 65 歳になりました。

Bill: By definition, you're called a senior after you pass 65, but you don't become a social burden all of a sudden when you turn 65.

You: その通り。多くの高齢者は健康で活動的です。仕事を続けたりボランティアをしたりしています。

Bill: People are worried the working population will shrink and cause a serious labor shortage. Why don't we ask healthy seniors to work?

You: 機会があれば喜んで働くでしょう。しかし、高齢者を雇うにはリスクもあります。

Bill: Health is a factor, maybe. As we get older, we're more likely to fall ill.

You: その通りですね。しかし医学はもっと発達すると思います。結局、高齢化社会が現れたのは医学の進歩のおかげなんです。

Bill: Yes, indeed.

③クリエイティブ・スピーキング練習

再び、音声 6_5 を使って、Bill の質問に、あなたのことばで答えてみましょう。

6-2 高齢化をチャンスに変える試み

(1) スピーチのシャドーイング

音声 6_6 を聞きながらシャドーイングをしましょう。何回か原稿を見ずに行ったあと、原稿と照らし合わせてできなかったところをチェックしましょう。

MP3 6_6

We can change the risks associated with super-aging into opportunities for innovation and new economic growth. Kobe Biochemical Innovation Cluster is a good example. Kobe city has invited the healthcare industry and academia to join in building an international hub of advanced healthcare technology. As of 2012, 14 research facilities and more than 200 healthcare-related companies were involved in the project. The Japanese government is also promoting a life science growth strategy. They say the health care needs of elderly citizens will create a new market of about 50 trillion yen as well as 2.84 million jobs.

A company in a small town in Tokushima prefecture has been successful in selling flowers and leaves to decorate traditional Japanese food items. The town is very aged with about half of the population older than 65. The company owner thought it would be a good idea to hire seniors, as they know the local plants very well. The owner provided them with tablet computers so that they can take orders from any place in the country. The business created jobs and fulfillment for elderly citizens in the community and contributed to the local economy.

私たちは超高齢化のリスクを革新と新しい経済成長のチャンスに変えることができます。神戸医療産業都市がよい例です。神戸市は医療産業と学術機関を招いて、先進医療技術の国際的な拠点を作りました。2012 年現在、14 の研究施設と医療関連企業 200 社以上がこのプロジェクトに参加しています。日本政府もライフサイエンス成長戦略を進めています。高齢者の医療ニーズはおよそ 50 兆円の新市場を作り、284 万の雇用を生み出すだろうということです。

徳島県の小さな街にある会社は伝統的な和食の飾り付けに使う花や葉っぱの販売で

成功しています。街は非常に高齢化が進み、人口の約半分が 65 歳以上です。この会社のオーナーは高齢者を雇うことはよいアイデアだと考えました。高齢者は地元の植物をよく知っているからです。オーナーは彼らにタブレット型のパソコンを与えて、全国どこからの注文も受けられるようにしました。このビジネスによって地元の高齢者は仕事と充実感を得ることができ、地元の経済にも貢献しました。

(2) キーワードの練習

①発音練習

　単語リストを見ながら英語音声に従って発音練習をしましょう。

②クイック・レスポンス

　日本語音声を聞いて、素早く英語を出せるように練習しましょう。

MP3
6_7,6_8

change risks into chances	リスクをチャンスに変える
new economic growth	新しい経済成長
Kobe Biochemical Innovation Cluster	神戸医療産業都市
invite the healthcare industry and academia	医療産業と学術機関を招く
an international hub of advanced healthcare technology	先端医療技術の国際拠点
as of 2012	2012 年現在
research facilities	研究施設
healthcare-related companies	医療関連企業
be involved in the project	プロジェクトに参加する
promote a life science growth strategy	ライフサイエンス成長戦略を促進する
the health care needs of elderly citizens	高齢者の医療ニーズ
create a new market and jobs	新しい市場と雇用を生み出す
be successful in selling flowers and leaves	花と葉っぱの販売で成功する
provide them with tablet computers	彼らにタブレット型パソコンを与える
take orders from any place	どこからの注文も受ける

(3) DLS 練習

音声 6_6 のスピーチをメモを取りながら聞き、内容を自分のことばでまとめて英語で話してみましょう。
① 92 ページのキーワードを見ながら、話してみましょう。
② キーワードを見ずに、自分のことばで話してみましょう。

(4) Dialogue 練習

スピーチの内容に関連した Dialogue です。

①シャドーイング練習　MP3 6_9

あなたのパートを何回かシャドーイングしてみましょう。

You: Have you ever heard of Kobe Biochemical Innovation Cluster?

神戸医療産業都市って聞いたことありますか？

Bill: No. What is it?

いいえ。それは何ですか？

You: It's a project Kobe city started. They want to create an industrial cluster of healthcare technologies.

神戸市が始めたプロジェクトで、医療技術のための産業集積区域を作ることを目指しています。

Bill: How are they going to do that?

どうやって実現するんですか？

You: They're trying to attract private companies and academic institutions to build this international hub of advanced healthcare technologies.

民間企業や研究機関を誘致しようとしていて、高度な医療技術の国際的な中心地を作ろうとしているんです。

Bill: They're really smart. Japan is rapidly aging, so the medical industry certainly has great potential. Is it going well?

それは本当に賢いですね。日本は急速に高齢化しているから、医療産業には確かに大きな可能性があります。それはうまくいっているんですか？

You: I think so. I hear they already have 14 research facilities and more than 200 healthcare-related companies working together on this project.

そう思います。すでに研究施設が 14 と 200 社以上の医療関係の会社がこのプロジェクトに参加しているそうです。

Bill: That's a local initiative, though. How about the Japanese government? Why don't they start a similar project?

ただし、それは地元が主導したんですね。日本政府はどうなんですか？ よく似たプロジェクトを始めればいいのに。

You: The central government is also promoting a life science growth strategy to help revitalize the economy.

日本政府も日本経済をもう一度活性化するためにライフサイエンス成長戦略を進めています。

Bill: And also to meet the care needs of elderly citizens.

それと高齢者の介護ニーズを満たすためにね。

You: That's right.

その通りです。

Bill: Are there any initiatives to create jobs for healthy elderly people?

健康な高齢者のために雇用を生み出す対策はあるんですか？

You: I don't know much about it, but there's a very interesting company in a small town in Tokushima. They mainly hire old people.

あまりよく知らないのですが、徳島の小さな街にとても面白い会社があります。そこでは主に高齢者を雇っています。

Bill: Old people rather than young people?

若い人よりも高齢者を、ですか？

You: Yes. The company owner realized some old people knew a lot about flowers and trees. He thought it would be a good idea to use their knowledge to sell flowers and leaves used to decorate traditional Japanese food items.

そうです。オーナーが高齢者の中に、花や木についてよく知っている人がいることに気が付いて、その知識を生かして和食の飾りに使う花や葉っぱを売ったらどうかと考えたんです。

Bill: Do they have enough demand?

需要は十分あるんですか？

You: Their customers are high class Japanese restaurants. I hear the business is very successful.

顧客は高級日本料理店で、ビジネスはとても成功しているそうです。

Bill: Then, it's a win-win situation for the business and the elderly.

それなら会社と高齢者の両方が得をするわけですね。

You: Yes, indeed. The company is happy with its success, and the old people are also happy to have the opportunity to work. Perhaps most importantly, they can keep their self-esteem.

本当にそうですね。会社はビジネスで成功するし、高齢者は働く機会を持っててハッピーだし。いちばん大切なのは高齢者が誇りを持てることでしょう。

②会話の練習　MP3 6_10

あなたのパートをスピーディーに英語で話しましょう。「ポーン」という効果音が聞こえたら、すぐにあなたのパートを話し始めてください。慣れてきたら、日本語を見ずに音声だけを使ってBillと会話しましょう。

You: 神戸医療産業都市って聞いたことありますか？

Bill: No. What is it?

You: 神戸市が始めたプロジェクトで、医療技術のための産業集積区域を作ることを目指しています。

Bill: How are they going to do that?

You: 民間企業や研究機関を誘致しようとしていて、高度医療技術の国際的な中心地を作ろうとしているんです。

Bill: They're really smart. Japan is rapidly aging, so the medical industry certainly has great potential. Is it going well?

You: そう思います。すでに研究施設が14と200社以上の医療関係の会社がこのプロジェクトに参加しているそうです。

Bill: That's a local initiative, though. How about the Japanese government? Why don't they start a similar project?

You: 日本政府も日本経済をもう一度活性化するためにライフサイエンス成長戦略を進めています。

Bill: And also to meet the care needs of elderly citizens.

You: その通りです。

Bill: Are there any initiatives to create jobs for healthy elderly people?

You: あまりよく知らないのですが、徳島の小さな街にとても面白い会社があります。そこでは主に高齢者を雇っています。

Bill: Old people rather than young people?

You: そうです。オーナーが高齢者の中に、花や木についてよく知っている人がいることに気が付いて、その知識を生かして和食の飾りに使う花や葉っぱを売ったらどうかと考えたんです。

Bill: Do they have enough demand?

You: 顧客は高級日本料理店で、ビジネスはとても成功しているそうです。

Bill: Then, it's a win-win situation for the business and the elderly.

You: 本当にそうですね。会社はビジネスで成功するし、高齢者は働く機会を持ててハッピーだし。いちばん大切なのは高齢者が誇りを持てることでしょう。

③クリエイティブ・スピーキング練習
　再び、音声6_10を使って、日本の高齢化社会への取り組みについて、あなたのことばでBillと会話してみましょう。

SESSION 7
プロジェクトの発表

7-1 コミュニティ・ガーデンプロジェクト
(1) スピーチのシャドーイング

　音声 7_1-7_2 を聞きながらシャドーイングをしましょう。何回か原稿を見ずに行ったあと、原稿と照らし合わせてできなかったところをチェックしましょう。

MP3
7_1

　Ladies and gentlemen, I'm happy today to tell you about our new community garden project. This project has two purposes. One is to increase green space in our town. The other is to provide opportunities for family members of all ages to work together for a common purpose. The project is funded by donations and financial support from the municipal government. The project will be started up in five stages, namely planning, site selection, preparing the garden and setting up a new committee to run the project. We've already formed a planning committee. We'll be offering garden site sponsorship to give a sense of ownership to many more people. This includes contributions of land, tools, seeds, fencing, soil improvement and money.

　皆様、本日コミュニティ・ガーデンプロジェクトのご紹介をすることができて幸せに思います。このプロジェクトには2つの目的があります。1つは私たちの町の、緑のスペースを増やすことです。もう1つはすべての年齢の家族が共通の目的のために協力する機会を作ることです。プロジェクトは寄付と市からの財政援助で賄われます。プロジェクトは5つの段階を経てスタートします。すなわち、企画、用地の選定、庭園の整備、そしてプロジェクトを運営する新しい委員会の設立です。私たちはすでに企画委員会を作りました。より多くの方々に当事者意識を持っていただくために、用地に関する後援を求めます。それは、土地、道具、種、柵、土壌改良または資金による寄付です。

Members of the Planning Committee
企画委員会のメンバー

Chair（委員長）: **Kat Baxter**（Master Gardener Volunteer［主任園芸ボランティア］）

Vice Chair（副委員長）: **David Goebel**（Garden Plot Owner［庭の用地所有者］）

Secretary General（事務局長）: **Laura Ong**（Horticultural Agency［園芸業者］）

Sally Cranston（Technical Community College Representative, a specialist of city planning［工科コミュニティカレッジ代表、都市計画専門家］）

Lisa Poser（Local government Representative, in charge of community development［地方自治体代表、コミュニティ開発担当］）

Thomas Jensen（Parks and Recreation, local developer［パークス・アンド・リクリエーション、地元のディベロッパー］）

Michelle Freis（Gardener Volunteer［園芸ボランティア］）

Amy Christiansen（Gardener Volunteer［園芸ボランティア］）

Project Schedule
プロジェクトのスケジュール

November: Planning Committee is formed.
　11月：企画委員会設立。

Late December: General Plan is completed.
　12月下旬：総合計画の完成。

Mid January: Advertisement and invitation of sponsors start.
　1月半ば：宣伝とスポンサー募集の開始。

By the end of March: Site selections are finalized.
　3月中：用地選定を終える。

April: Garden development starts.
　4月：庭の開発を開始。
Late August: Garden development is completed.
　8月下旬：庭の開発が完了。
October 1. : Opening Ceremony
　10月1日：オープニング式典

(2) キーワードの練習
①発音練習
　単語リストを見ながら英語音声に従って発音練習をしましょう。
②クイック・レスポンス
　日本語音声を聞いて、素早く英語を出せるように練習しましょう。

MP3
7_3, 7_4

tell you about a community garden project	皆様に私たちのコミュニティ・ガーデンプロジェクトを紹介する
two purposes	2つの目的
increase green space	緑のスペースを増やす
provide opportunities for family members to work together	家族に協力する機会を与える
for a common purpose	共通の目的のために
be funded by donations	寄付によって資金が賄われる
financial support from the municipal government	市からの財政援助
be started up in five stages	5つの段階を経てスタートする
site selection	用地選定
prepare a garden	庭を整備する
form a planning committee	企画委員会を作る
give a sense of ownership	当事者意識を持たせる
soil improvement	土壌改良

(3) DLS 練習

音声 7_1-7_2 のプロジェクトについてのスピーチをメモを取りながら聞き、内容を自分のことばでまとめて英語で話してみましょう。
① 99 ページのキーワードを見ながら、話してみましょう。
② キーワードを見ずに自分のことばで内容をまとめて、話してみましょう。

(4) Dialogue 練習

スピーチの内容に関連した Dialogue です。参加者の Bill がこのプロジェクトについて質問します。企画委員会のメンバーやプロジェクトのスケジュールについて聞かれますので「会話の練習」では、98-99 ページのリストを見ながら答えましょう。

①シャドーイング練習　MP3 7_5

あなたのパートを何回かシャドーイングしてみましょう。

Bill: I have a question about the purpose of this project. You said one purpose is to increase green space in our town. Do you mean creating public parks?

このプロジェクトの目的について質問があります。目的の1つは、私たちの町の緑のスペースを増やすことだとおっしゃいました。それは公共の公園を作るということですか？

You: We want to increase green space in many ways. We'll plant trees and flowers in private gardens, public parks, schools and also in vacant lots.

私たちは多くの方法で緑のスペースを増やしたいと思っています。個人の庭や公共の公園、学校、それから空き地にも木や花を植えます。

Bill: You said another purpose is to provide opportunities for family members of all ages to work together for a common purpose. What do you mean?

もう1つの目的はすべての年齢の家族が共通の目的で協力する機会を作ることと言われました。どういう意味ですか？

You: We'll provide seedlings and seeds free of charge for families.

私たちは家庭に苗や種を無料で提供します。

Bill: But they may not plant them. How are you making sure that they do plant them?

しかし、必ず植えてくれるとはかぎりません。確実に植えてもらうようにするにはどうするのですか？

You: Applicants have to submit their gardening plans. We'll send out gardener volunteers and help them to grow trees and flowers according to their plans. We expect families and neighbors will enjoy gardening together.

応募者はガーデニング計画を提出しなければなりません。私たちの園芸ボランティアを派遣して、その計画に合わせて木や花を育てるのを手伝います。家族や近所の人達が一緒にガーデニングを楽しんでくれることを期待しています。

Bill: Who do you expect to be potential sponsors?

誰がスポンサーになってくれそうですか。

You: The Horticultural Society and Christian Botany College. We hope seed and plant suppliers will also support us.

園芸協会とクリスチャン・ボタニー・大学です。種や植物のメーカーからの支援も希望しています。

Bill: Who are the members of the planning committee?

企画委員会のメンバーは誰ですか？

You: Here's the list. The chair is Ms. Kat Baxter who is a master gardener volunteer, and the vice chair is Mr. David Goebel who is a garden plot owner. Secretary General is Ms. Laura Ong who is running a horticultural agency. We have a city planning specialist, Ms. Sally Cranston and a local government official in charge of community development, Ms. Lisa Poser. Mr. Thomas Jensen is a local developer specializing in parks and we have two gardener volunteers, Ms. Michelle Freis and Ms. Amy Christiansen.

こちらのリストをご覧ください。委員長はカット・バクスターさんで主任園芸ボランティアです。副委員長はデビット・ゴベルさん、庭の用地を所有している人です。事務局長はローラ・オングさん。園芸会社を経営しています。都市計画の専門家、サリー・クラストンさん、市でコミュニティ開発を担当しているリサ・ポーザーさん。トーマス・ジェンセンさんは公園が専門の地元のディベロッパー。そして２人の園芸ボランティア、ミッシェル・フライスさんとエイミー・クリスチャンセンさんです。

Bill: When will you start to invite sponsors?

いつスポンサーの募集を始めるのですか？

You: Around mid January. We'll also start to advertize this project around then.

1月の半ばごろです。そのころ、このプロジェクトの宣伝も始めます。

Bill: When will gardening work start?

ガーデニングの作業はいつ始まるのですか？

You: Sometime in April, after site selections are finalized.

4月中です。用地の選定を終えてからです。

Bill: When do you think you can finish preparing the gardens?

庭の整備はいつ完了すると思いますか？

You: We expect to be finished late August.

8月の下旬にできると期待しています。

Bill: What will you do during the month before the opening ceremony on October 1st?

10月1日のオープニング式典までの1ヶ月は何をするのですか？

You: We'd like to have some events, such as gardening seminars or ecological campaigns.

なにかイベントをしたいと思っています。ガーデニング・セミナーとかエコ・キャンペーンとか。

Bill: Very interesting. I'm sure my family will participate in the project.

とても面白いですね。うちの家族はきっとこのプロジェクトに参加すると思います。

② 会話の練習　MP3 7_6

あなたのパートをスピーディーに英語で話しましょう。慣れてきたら、日本語を見ずに音声だけを聞きながら Bill と会話しましょう。

Bill: I have a question about the purpose of this project. You said one purpose is to increase green space in our town.

Do you mean creating public parks?

You: 私たちは多くの方法で緑のスペースを増やしたいと思っています。個人の庭や公共の公園、学校、それから空き地にも木や花を植えます。

Bill: You said another purpose is to provide opportunities for family members of all ages to work together for a common purpose. What do you mean?

You: 私たちは家庭に苗や種を無料で提供します。

Bill: But they may not plant them. How are you making sure that they do plant them?

You: 応募者はガーデニング計画を提出しなければなりません。私たちの園芸ボランティアを派遣して、その計画に合わせて木や花を育てるのを手伝います。家族や近所の人達が一緒にガーデニングを楽しんでくれることを期待しています。

Bill: Who do you expect to be potential sponsors?

You: 園芸協会とクリスチャン・ボタニー・大学です。種や植物のメーカーからの支援も希望しています。

Bill: Who are the members of the planning committee?

You: こちらのリストをご覧ください。委員長はカット・バクスターさんで主任園芸ボランティアです。副委員長はデビット・ゴベルさん、庭の用地を所有している人です。事務局長はローラ・オングさん。園芸会社を経営しています。都市計画の専門家、サリー・クラストンさん、市でコミュニティ開発を担当しているリサ・ポーザーさん。トーマス・ジェンセンさんは公園が専門の地元のディベロッパー。そして2人の園芸ボランティア、ミッシェル・フライスさんとエイミー・クリスチャンセンさんです。

Bill: When will you start to invite sponsors?

You: 1月の半ばごろです。そのころ、このプロジェクトの宣伝も始めます。

Bill: When will gardening work start?

You: 4月中です。用地の選定を終えてからです。

Bill: When do you think you can finish preparing the gardens?

You: 8月の下旬にできると期待しています。

Bill: What will you do during the month before the opening ceremony on October 1st?

You: なにかイベントをしたいと思っています。ガーデニング・セミナーとかエコ・キャンペーンとか。

Bill: Very interesting. I'm sure my family will participate in the project.

③クリエイティブ・スピーキング練習

　再び、音声7_6を使って、Billのプロジェクトについての質問に、あなたのことばで答えてみましょう。

7-2 高校生作文コンテスト

(1) スピーチのシャドーイング

音声 7_7–7_8 を聞きながらシャドーイングをしましょう。何回か原稿を見ずに行ったあと、原稿と照らし合わせてできなかったところをチェックしましょう。

ある町が高校生作文コンテストを行うことになり、次のような内容のお知らせが出されました。

W city plans to hold a senior high school writing contest for the purpose of increasing young people's interest in contributing to society. Students who live in the city or go to school in the city can enter. The theme is "What can we do to change our school, community or ourselves?" Answer one of these questions in a 1000-word essay:

1. What would you do to make a change in your school or community?
2. What would you do to make a change in yourself?

One entry is allowed per student, and it must be an unpublished original work. Please put your name, address, phone number and the name of high school you attend at the top of your essay. Print your essay and bring it to the City Hall Education Counter. You must pay a 500 yen entry fee. We are looking forward to getting many entries!

W市は若者の社会貢献活動への意識を高める目的で高校生作文コンテストを計画しています。市内在住または市内の学校に通う学生が参加できます。テーマは「私たちの学校、コミュニティ、または自分自身を変えるために私たちに何ができるか」です。こ

の問いかけについて、以下の2つの質問のうちの1つに対する答えを1000ワードの作文にしてください。

1. あなたの学校またはコミュニティを変えるためにあなたは何をしますか。
2. あなた自身を変えるためにあなたは何をしますか。

　応募作品は一人一本とし、未発表のオリジナル作品に限ります。作文の最初のところに作者の名前、住所、電話番号、所属学校名を明記してください。作文を印刷して市役所の教育係に提出してください。応募には500円の参加費が必要です。たくさんの方のご応募をお待ちしております。

MP3 7-8

Submission Guidelines & Call for Entries
募集要項

WHO? : Senior High School students who live in W city or go to school in the city.
　参加資格：W市在住または市内の学校に通う高校生
WHAT? : Original Writing
　募集作品：オリジナルの作文
WHEN? : Deadline for Submissions: November 3
　締め切り：11月3日
Awards :
First Place Award: 50,000 yen, Second Place: 30,000yen. Third Place: 15,000 yen.
　賞金：一等賞：5万円、二等賞：3万円、三等賞：1万5千円
Entries will be judged anonymously.
　応募作品は匿名にて審査される。

(2) キーワードの練習
①発音練習
　単語リストを見ながら英語音声に従って発音練習をしましょう。

②クイック・レスポンス

日本語音声を聞いて、素早く英語を出せるように練習しましょう。

MP3
7_9, 7_10

a senior high school writing contest	高校生作文コンテスト
for the purpose of...	〜の目的のために
increase people's interest in...	〜に対する人々の意識を高める
contribute to society	社会に貢献する
theme	テーマ
What would you do to make a change?	変化を起こすためにあなたに何ができるか
entry	応募
unpublished original work	未発表のオリジナル作品
applicant	応募者
entry fee	参加費
submission guidelines	募集要項
deadline for submissions	締め切り
awards	賞

(3) DLS 練習

音声 7_7-7_8 の作文コンテストについてのお知らせをメモを取りながら聞き、内容を自分のことばでまとめて話してみましょう。
① 上記のキーワードを見ながら、話してみましょう。
② キーワードを見ずに自分のことばで内容をまとめて、話してみましょう。

(4) Dialogue 練習

スピーチの内容に関連した Dialogue です。Bill には作文が得意な息子がいます。息子にコンテストへの参加を勧めたいと考え、コンテストの事務局に務めるあなたに質問をします。106ページの募集要項を参考にして Bill の質問に答えてみましょう。

①シャドーイング練習 MP3 7_11

あなたのパートを何回かシャドーイングしてみましょう。

Bill: I hear you're holding a high school writing contest. Who can enter?

高校生作文コンテストを開催されるそうですね。誰が応募できるのですか？

You: Senior high school students who live or go to school in the city.

市内に住んでいるか、市内の学校に通っている高校生です。

Bill: How long should the essay be?

作文の長さはどれぐらいですか？

You: About 1000 words.

1000ワードぐらいです。

Bill: Are there specific themes?

なにかテーマが与えられるのですか？

You: The overall theme is "What can you do to change your school, community or yourself?" Applicants can choose one of two questions. One is "What can you do to make a change in your school or community?"

全体的なテーマは「私たちの学校、コミュニティ、または自分自身を変えるために私たちに何ができるか」です。応募者は2つの質問から1つを選ぶことができます。1つは「あなたの学校またはコミュニティを変えるためにあなたは何をしますか」です。

Bill: What can they change in their school or community?

学校やコミュニティで彼らに何が変えられるのですか。

You: For example, I think they could write about their student council or neighborhood association.

たとえば生徒会や地域の自治会について書けると思います。

Bill: I see.

なるほど。

You: The other question is "What can you do to make a change in yourself?"

もう1つの質問は「あなた自身を変えるためにあなたは何をしますか」です。

Bill: Is that about personal things?

それは個人的なことについてですか？

You: That's right. It might be about sports, hobbies, school life, or relationships with friends or family.

そうです。スポーツ、趣味、学校生活、あるいは友達や家族との関係でもいいです。

Bill: Do you charge an entry fee?

参加費はいるのですか？

You: Yes. It's five hundred yen.

はい。500円です。

Bill: Pretty modest. Can one student enter more than one essay?

ずいぶん安いですね。一人が複数の作品を応募できますか？

You: No. One entry per student.

いいえ。一人一作品です。

Bill: What kind of award are you offering?

どんな賞が用意されるのですか？

You: There are awards for the top three essays: 50,000 yen for the first prize, 30,000 yen for the second and 15,000 yen for the third.

最も優秀な3つの作品を表彰します。一等賞は5万円、二等賞は3万円、三等賞は1万5千円の賞金を提供します。

Bill: When is the deadline?

締め切りはいつですか。

You: November the third.

11月3日です。

Bill: My son is a good writer and may be interested.

私の息子は作文が得意だから、たぶん興味を持つでしょう。

You: Good. This will be a good opportunity for your son.

それはいいですね。息子さんにとって良いチャンスになるでしょう。

②会話の練習　MP3 7_12

あなたのパートをスピーディーに英語で話しましょう。慣れてきたら、日本語を見ずに音声だけを使って Bill と会話しましょう。

Bill: I hear you're holding a high school writing contest. Who can enter?

You: 市内に住んでいるか、市内の学校に通っている高校生です。

Bill: How long should the essay be?

You: 1000 ワードぐらいです。

Bill: Are there specific themes?

You: 全体的なテーマは「私たちの学校、コミュニティ、または自分自身を変えるために私たちに何ができるか」です。応募者は2つの質問から1つを選ぶことができます。1つは「あなたの学校またはコミュニティを変えるためにあなたは何をしますか」です。

Bill: What can they change in their school or community?

You: 生徒会や地域の自治会について書けると思います。

Bill: I see.

You: もう1つの質問は「あなた自身を変えるためにあなたは何をしますか」です。

Bill: Is that about personal things?

You: そうです。スポーツ、趣味、学校生活、あるいは友達や家族との関係でもいいです。

Bill: Do you charge an entry fee?

You: はい。500円です。

Bill: Pretty modest. Can one student enter more than one essay?

You: いいえ。一人一作品です。

Bill: What kind of award are you offering?

You: 最も優秀な3つの作品を表彰します。一等賞は5万円、二等賞は3万円、三等賞は1万5千円の賞金を提供します。

Bill: When is the deadline?

You: 11月3日です。

Bill: My son is a good writer and may be interested.

You: それはいいですね。息子さんにとって良いチャンスになるでしょう。

③クリエイティブ・スピーキング練習

　再び、音声7_12を使って、Billの質問に、あなたのことばで答えてみましょう。

SESSION 8
パーティでの会話

8-1 起業家向けパーティでの会話
(1) スピーチのシャドーイング

音声8_1を聞きながらシャドーイングをしましょう。何回か原稿を見ずに行ったあと、原稿と照らし合わせてできなかったところをチェックしましょう。

MP3 8_1

Toshi Aoki and Elizabeth Handover are at a party organized for start-ups and other innovative small companies by the Ministry of Economy, Trade and Industry. It is part of the ministry's effort to encourage and support innovative entrepreneurs. Some 300 people attend this annual event and the number of participants is increasing year by year. It provides a good opportunity for those who are interested in meeting people in other industries.

The event also attracts businessmen and women from big companies and venture capitalists, including those from abroad or connected with investors abroad. They're looking for good opportunities to invest. Some of the entrepreneurs themselves are foreigners engaged in international business.

青木俊氏とエリザベス・ハンドオーヴァー氏は、経済産業省主催のスタートアップ企業やイノベーション企業のためのパーティに来ています。このパーティは、イノベーションを進める起業家を支援しようという経産省の試みの一環です。毎年開かれるこのイベントには、およそ300人が参加し、参加者は年々増えています。異業種交流に関心を持つ人々によい出会いの機会を提供しています。

パーティには、国内外の大企業やベンチャーキャピタルからも人がやってきます。海外の投資家とつながりのあるベンチャーキャピタルの人もいます。よい投資先はないかと探しに来るのです。参加する起業家の中には、国際ビジネスに携わる外国人もいます。

(2) キーワードの練習

①発音練習

単語リストを見ながら英語音声に従って発音練習をしましょう。

②クイック・レスポンス

日本語音声を聞いて、素早く英語を出せるように練習しましょう。

MP3
8_2, 8_3

a party organized for start-ups	新設企業のために催されたパーティ
innovative small companies	革新的な小企業、イノベーティブな小企業
the Ministry of Economy, Trade and Industry	経産省、経済産業省
innovative entrepreneurs	革新的な起業家
this annual event	毎年恒例のこのイベント
year by year	年を追って、年ごとに、毎年
meet people	出会う
other industries	異業種、(自分とは異なる) 他の業界
attract businessmen and women from big companies	大企業関係者を引き寄せる
venture capitalists	ベンチャーキャピタリスト
opportunities to invest	投資の機会
international businesses	国際事業

(3) DLS 練習

音声 8_1 の Toshi と Elizabeth の参加するパーティについての説明をメモを取りながら聞き、内容を自分のことばでまとめて話してみましょう。

① 上記のキーワードを見ながら、話してみましょう。
② キーワードを見ずに自分のことばで内容をまとめて、話してみましょう。

(4) Dialogue 練習

スピーチの内容に関連した Dialogue です。

①シャドーイング練習　MP3 8_4

あなたのパートを何回かシャドーイングしてみましょう。

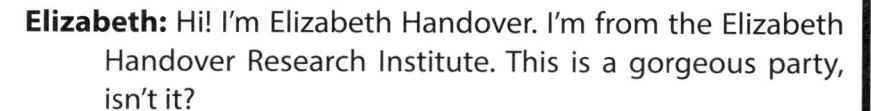

Elizabeth: Hi! I'm Elizabeth Handover. I'm from the Elizabeth Handover Research Institute. This is a gorgeous party, isn't it?

こんばんは。エリザベス・ハンドオーヴァー研究所のエリザベス・ハンドオーヴァーと申します。ずいぶん盛況ですね。

You: Oh, hello. Nice to meet you. My name is Toshi Aoki. I'm from TJT Company. May I give you my name card?

やー、こんばんは。はじめまして。TJT 社の青木俊と申します。名刺を差し上げてもよろしいですか。

Elizabeth: Thank you. Let me give you mine, too.

ありがとうございます。私の名刺もどうぞ。

You: Elizabeth Handover Research Institute? What kind of institute is it?

エリザベス・ハンドオーヴァー研究所ですか。どんな研究所なんですか。

Elizabeth: Oh, we offer training courses in personal communication skills.

対人コミュニケーション・スキルについてのトレーニングコースを実施しています。

You: Personal communication skills? To individuals?

対人コミュニケーション・スキルですか。個人を対象としているんですか。

Elizabeth: Uh-h. Also to groups.

ええ。それにグループも。

You: What do you do?

どんなことをなさるのですか。

Elizabeth: Well, first we give a psychology test to help individuals find out about their psychological and behavioral tendencies. Finding out about yourself often helps you discover better ways to communicate with colleagues, clients and so on.

そうですね、まず心理テストを実施します。受講者の心理的傾向や行動傾向を本人に知ってもらうためです。自分のことを知ることで、同僚やクライアントとよりうまくコミュニケーションする方法を見いだしていただくことができるんです。

You: Oh, that sounds interesting. What do you do after finding out about their psychological and behavioral tendencies?

面白そうですね。自分の心理的傾向や行動上の傾向がわかったあとは、どうするんですか。

Elizabeth: Oh, we help people discover what they can do to enhance their good behavioral tendencies and how they can handle personal communications effectively. If you're interested, you can take a look at our website. The web address is on my name card.

そのあとは、よい行動傾向を強化し、対人コミュニケーションを効果的に実践するお手伝いをしております。ご興味がおありでしたら、まず私どものウェブサイトを見ていただくとよいかもしれません。名刺にサイトのアドレスを載せてありますから。

You: All right. I will take a look.

わかりました。見てみます。

Elizabeth: And, what about you? What do you do at TJT? What sort of company is that?

で、そちらさまは何をしていらっしゃるんですか。TJT社ではどんなお仕事を？　どんな会社なんですか。

You: Well, actually, it's a company I founded myself.

えー、実は、私自身が立ち上げた会社なんです。

Elizabeth: Oh, you did? So you're the owner of the company.

まー、そうなんですか。じゃ、会社のオーナーでいらっしゃるんですね。

You: It's still small, but we offer solutions for selling educational materials on the internet. We've helped companies such as Kenkyudo and Daishukan. Now we're trying to develop a solution that will help Japanese students and business people learn English on a computer.

まだ小さい会社ですが、教材のウェブ取引のソリューションを提供しています。研究堂とか太集館とかのお手伝いをしてきました。今は、日本人の学生やビジネスマンがコン

115

ピューター上で英語を勉強できるようなソリューションを開発中です。

Elizabeth: That sounds interesting, too. Japanese people are very enthusiastic about learning how to speak English, but they seem to have trouble actually doing it.

それも興味深いですね。日本の方々はとても熱心に英会話を学んでいらっしゃいます。でも、なかなか英語で話すことは大変みたいですね。

You: That's right. They have good knowledge of English actually, because many of them studied hard for their university entrance exams. I mean they learn the grammar, and do have good vocabulary. But they don't have enough chances to speak the language, so speaking in English is still quite a challenge for many of them.

そうなんですよ。実際は英語の知識はあるんですけどね。大半の人が大学入試で頑張って勉強しましたから。つまり文法や語彙はしっかりしているんですよ。でも話すチャンスが少なくてね。だから話すのは苦手という人が多いんです。

Elizabeth: Hmmm.

はー、そうですか。

You: But now many Japanese businessmen and women are required to speak English as the world is globalizing, and some companies even have adopted English as the working language in the office. I'm hoping that we can develop a good solution to help improve their speaking skills.

でも最近は、日本の多くの会社で英語を話せることが必須になってきています、グローバル化が進んでいますから。企業の中には、社内では英語が公用語だっていうところも出てきました。スピーキングスキルを向上させるのに役立ついいシステムが作れたらいいなって思うんです。

Elizabeth: That'll be quite helpful for many people, won't it? But YOU speak very good English. Where did you learn it?

それはたくさんの人の役に立ちそうですね。でも、あなたご自身はずいぶん英語がお上手ですけど、どこで英語を身につけたんですか。

You: Oh, thank you for the compliment. Let me say I had many good friends, rather wild friends, who spoke English. So, my experience will hopefully help develop a workable system.

> おほめいただいて、どうも。私の場合は、英語をしゃべるいい友達がかなりいたんですよ。かなり破天荒な友達でしたけど。私の経験も生かしてなにか実用的なシステムが作れたらいいなって思っています。

Elizabeth: I'm sure it will. Oh, here comes my colleague, John. John, meet my new friend, Toshi Aoki. Toshi, this is John Anderson.

> できますよ。あら、同僚のジョンがきました。ジョン、新しい友人の青木俊さんよ。俊さん、こちらジョン・アンダーソンさんです。

②会話の練習　MP3 8_5

あなたのパートをスピーディーに英語で話しましょう。慣れてきたら、日本語を見ずに音声だけを使ってElizabethと会話しましょう。

Elizabeth: Hi! I'm Elizabeth Handover. I'm from the Elizabeth Handover Research Institute. This is a gorgeous party, isn't it?

You: やー、こんばんは。はじめまして。TJT社の青木俊と申します。名刺を差し上げてもよろしいですか。

Elizabeth: Thank you. Let me give you mine, too.

You: エリザベス・ハンドオーヴァー研究所ですか。どんな研究所なんですか。

Elizabeth: Oh, we offer training courses in personal communication skills.

You: 対人コミュニケーション・スキルですか。個人を対象としているんですか。

Elizabeth: Uh-h. Also to groups.

You: どんなことをなさるのですか。

Elizabeth: Well, first we give a psychology test to help individuals find out about their psychological and behavioral tendencies. Finding out about yourself often helps you discover better ways to communicate with colleagues, clients and so on.

You: 面白そうですね。自分の心理的傾向や行動上の傾向がわかったあとは、どうするんですか。

Elizabeth: Oh, we help people discover what they can do to enhance their good behavioral tendencies and how they can handle personal communications effectively. If you're interested, you can take a look at our website. The web address is on my name card.

You: わかりました。見てみます。

Elizabeth: And, what about you? What do you do at TJT? What sort of company is that?

You: えー、実は、私自身が立ち上げた会社なんです。

Elizabeth: Oh, you did? So you're the owner of the company.

You: まだ小さい会社ですが、教材のウェブ取引のソリューションを提供しています。研究堂とか太集館とかのお手伝いをしてきました。今は、日本人の学生やビジネスマンがコンピューター上で英語を勉強できるようなソリューションを開発中です。

Elizabeth: That sounds interesting, too. Japanese people are very enthusiastic about learning how to speak English, but they seem to have trouble actually doing it.

You: そうなんですよ。実際は英語の知識はあるんですけどね。大半の人が大学入試で頑張って勉強しましたから。つまり文法や語彙はしっかりしているんですよ。でも話すチャンスが少なくてね。だから話すのは苦手という人が多いんです。

Elizabeth: Hmmm.

You: でも最近は、日本の多くの会社で英語を話せることが必須になってきています、グローバル化が進んでいますから。企業の中には、社内では英語が公用語だっていうところも出てきました。スピーキングスキルを向上させるのに役立ついいシステムが作れたらいいなって思うんです。

Elizabeth: That'll be quite helpful for many people, won't it?

But YOU speak very good English. Where did you learn it?

You: おほめいただいて、どうも。私の場合は、英語をしゃべるいい友達がかなりいたんですよ。かなり破天荒な友達でしたけど。私の経験も生かしてなにか実用的なシステムが作れたらいいなって思っています。

Elizabeth: I'm sure it will. Oh, here comes my colleague, John. John, meet my new friend, Toshi Aoki. Toshi, this is John Anderson.

③クリエイティブ・スピーキング練習

再び、音声 8_5 を使って、あなたのことばで Elizabeth と会話してみましょう。相手の仕事について質問したり、自分の仕事について説明したりしてみましょう。

8-2 ホームパーティでの会話

(1) スピーチのシャドーイング

　音声8_6を聞きながらシャドーイングをしましょう。何回か原稿を見ずに行ったあと、原稿と照らし合わせてできなかったところをチェックしましょう。

MP3 8_6

　Koji and Elizabeth are friends. Elizabeth invited Koji and his wife, Yuriko, to her home for a party. Koji and Yuriko bring a plate of munchies to the party. They meet Elizabeth's husband and her mother who is visiting from London. Apparently, Elizabeth talks a lot about her family to her friends. Elizabeth's mother, Susan, likes traditional Japanese art and visits museums when she comes to Tokyo. Hearing that, Koji says that his wife can take her to the National Museum of Japanese Art. Knowing that men tend to decide things for their wives without asking their wishes first, Susan tells Koji he should not do that, because he could get in trouble.

　浩二とエリザベスは友人です。エリザベスは、浩二と浩二の奥さんの百合子をホームパーティに招きました。2人はおつまみを持ってパーティに行きます。パーティでは、エリザベスの夫と、ちょうどロンドンから訪ねてきているエリザベスのお母さんにも会います。どうやら、エリザベスは友人によく家族の話をするようです。エリザベスのお母さん、スーザンは、日本美術が好きで、東京に来た際は美術館に行きます。それを聞いた浩二は、妻に国立日本美術館へ案内させると申し出ます。男性が妻の意向も確かめずに、物事をかってに決める傾向があることを知っているスーザンは、あとで困るからそんなことはしないようにと浩二を諭します。

(2) キーワードの練習
①発音練習
　単語リストを見ながら英語音声に従って発音練習をしましょう。
②クイック・レスポンス
　日本語音声を聞いて、素早く英語を出せるように練習しましょう。

invite ... to one's home for a party	〜をホームパーティに招く
a plate of munchies	一皿のつまみ
traditional Japanese art	伝統的な日本美術
visit museums	美術館へ行く
hearing that	これを聞いて
Koji says that his wife can take her to...	浩二は妻に彼女を〜へ連れて行かせると言う
the National Museum of Japanese Art	国立日本美術館
knowing that men tend to decide things for their wives	男性は妻の代わりに物事を決める傾向にあることを知っていて
without asking their wishes	妻の意向も聞かずに

(3) DLS 練習

音声 8_6 のホームパーティでの出来事についてのスピーチをメモを取りながら聞き、内容を自分のことばでまとめて話してみましょう。
① 上記のキーワードを見ながら、話してみましょう。
② キーワードを見ずに自分のことばで内容をまとめて、話してみましょう。

(4) Dialogue 練習

スピーチの内容に関連した Dialogue です。

①シャドーイング練習

あなたのパートを何回かシャドーイングしてみましょう。

Elizabeth: Hello, Koji. Thank you for coming.

こんばんは、浩二。ようこそ。

You: Hi, Elizabeth. Thank you for the invitation. My wife, Yuriko, is with me.

こんばんは、エリザベス。ご招待をありがとう。妻の百合子もお言葉に甘えて一緒ですよ。

Elizabeth: Hello, Yuriko. I'm glad you could come, too. Come on in! And meet my husband, John.

百合子さん、こんばんは。来てくださってうれしいわ。どうぞお入りになって。こちら夫のジョンです。

You: How do you do! I'm happy to meet you finally, as Elizabeth has told me so much about you.

はじめまして。ついにお会いできてうれしいです。奥さんからいろいろ聞いていましたから。

Elizabeth: Oh, nothing much. Come in anyhow. Have a drink first.

あら、大した話はしてないでしょ。とにかくこちらへどうぞ。何か飲み物はいかが。

You: Elizabeth, we brought a little gift for you.

エリザベス、ちょっとお土産を持ってきたんだけど。

Elizabeth: Oh, you didn't need to. What is it?

あら、そんなことよかったのに。何を持ってきてくださったの？

You: It's just a small plate of munchies, mostly cheese and vegetables. The vegetables are from our garden.

簡単なおつまみなんだ。チーズと野菜でね。野菜はうちの庭でとれたものなんだ。

Elizabeth: Oh, my! They look delicious! Thank you. Let me put them on the table. I'm sure everyone will love them. They look beautiful, too. How can you Japanese always decorate dishes so beautifully?

あらまあ。おいしそう！　ありがとうございました。テーブルの上に置きましょう。みんな喜ぶわ。それになんてきれいなの。どうして日本の人は、こんなにきれいにお料理を盛り付けられるのかしら。

You: We're glad you like them.

気に入ってもらえてよかった。

Elizabeth: Oh, Koji and Yuriko, meet my mother. She's visiting from London.

浩二、百合子、母です。ちょうどロンドンから来ているんです。

You: How do you do, Mrs…

はじめまして、ミセス…

Mrs. Handover: Susan, just call me Susan.

スーザンで結構ですわ。スーザンと呼んでくださいな。

You: Nice to meet you, Susan. I've heard a lot about you from Elizabeth.

スーザン、お目にかかれてうれしいです。エリザベスからいろいろうかがってますよ。

Susan: Oh, you have.

あら、そうなの。

You: How long are you staying in Japan this time? Do you travel a lot while you're here?

今回はどのくらい日本にご滞在ですか。滞在中は、あちこち旅行をされるんですか。

Susan: No, not much any longer. I used to travel some with Elizabeth and John. I'm too old to move around a lot. But Tokyo is a very interesting city. I enjoy going to department stores, good restaurants and museums, too.

いいえ、もうそれほどしませんね。以前はエリザベスとジョンと少し旅行もしましたけど、もう年ですから、あまり動き回るのはしんどいんです。でも東京は面白い街ですものね。デパートへ行ったり、おいしいレストランや美術館へ行くのが楽しいわ。

You: What kind of museums do you like?

どんな美術館がお好きなんですか。

Susan: I like old Japanese art, you know.

古い日本美術が好きなんですのよ。

You: Oh, you do. Yuriko does, too. In fact, she was talking about going to the new exhibition at the National Museum of Japanese Art next week. If you'd like, I'll have her give you a lift and see it with you.

そうなんですか。妻もそうです。そういえば、来週、国立日本美術館になにか新しい展示を見に行くと言っていました。よろしければお迎えとお伴をさせますけど。

Susan: Oh, that would be lovely. But don't make an appointment on your wife's behalf without asking her wishes. You could get in trouble, you know. You men are all the same. You want to decide everything for your wives! And we, wives, usually don't like it at all!

それは、うれしいけど、奥さんの都合も聞かないで、代わりに約束してはダメよ。あとで大変なことになりますよ。だいたい男っていうのはどこでも皆同じね。妻の代わりに何でも決めたがるの。でもわれわれ、妻はそんなのはまっぴらってことが多いのよ。

SESSION8

123

You: You're right about men, Susan! I'll be sure to take your advice and ask Yuriko, first.

男のやることはお見通しですね。アドバイスに従って、まず、妻に都合を聞くことにしますよ。

②会話の練習　MP3 8_10

あなたのパートをスピーディーに英語で話しましょう。慣れてきたら、日本語を見ずに音声だけを使って Elizabeth, Susan と会話しましょう。

Elizabeth: Hello, Koji. Thank you for coming.

You: こんばんは、エリザベス。ご招待をありがとう。妻の百合子もお言葉に甘えて一緒ですよ。

Elizabeth: Hello, Yuriko. I'm glad you could come, too. Come on in! And meet my husband, John.

You: はじめまして。ついにお会いできてうれしいです。奥さんからいろいろ聞いていましたから。

Elizabeth: Oh, nothing much. Come in anyhow. Have a drink first.

You: エリザベス、ちょっとお土産を持ってきたんだけど。

Elizabeth: Oh, you didn't need to. What is it?

You: 簡単なおつまみなんだ。チーズと野菜でね。野菜はうちの庭でとれたものなんだ。

Elizabeth: Oh, my! They look delicious! Thank you. Let me put them on the table. I'm sure everyone will love them. They look beautiful, too. How can you Japanese always decorate dishes so beautifully?

You: 気に入ってもらえてよかった。

Elizabeth: Oh, Koji and Yuriko, meet my mother. She's visiting from London.

You: はじめまして、ミセス…

Mrs. Handover: Susan, just call me Susan.

You: スーザン、お目にかかれてうれしいです。エリザベスからいろいろうかがってますよ。

Susan: Oh, you have.

You: 今回はどのくらい日本にご滞在ですか。滞在中は、あちこち旅行をされるんですか。

Susan: No, not much any longer. I used to travel some with Elizabeth and John. I'm too old to move around a lot. But Tokyo is a very interesting city. I enjoy going to department stores, good restaurants and museums, too.

You: どんな美術館がお好きなんですか。

Susan: I like old Japanese art, you know.

You: そうなんですか。妻もそうです。そういえば、来週、国立日本美術館になにか新しい展示を見に行くと言っていました。よろしければお迎えとお伴をさせますけど。

Susan: Oh, that would be lovely. But don't make an appointment on your wife's behalf without asking her wishes. You could get in trouble, you know. You men are all the same. You want to decide everything for your wives! And we, wives, usually don't like it at all!

You: 男のやることはお見通しですね。アドバイスに従って、まず、妻に都合を聞くことにしますよ。

③クリエイティブ・スピーキング練習

再び音声8_10を使って、あなたのことばでElizabeth, Susanと会話してみましょう。

SESSION 9
景気の見通し

9-1 日本の工業化と戦後の経済成長

(1) スピーチのシャドーイング

音声 9_1-9_3 を聞きながらシャドーイングをしましょう。何回か原稿を見ずに行ったあと、原稿と照らし合わせてできなかったところをチェックしましょう。

Part1

Japan was among the first Asian nations to succeed in modernization and industrialization. Her success can be traced back first to her aggressive adoption of Western-style development during the Meiji Restoration Period in the late 19th century.

The Meiji government knew what they had to do to catch up with the Western powers and stay independent, while many countries in the region were colonized. So, they not only dispatched study missions to Europe and to the United States but also invited some 3,000 Westerners to teach them modern science, mathematics and technology. And they diligently applied what they learned in developing the nation.

The country's modernization in such a short period of time, in fact in some 30 years, to the extent that Meiji Japan defeated one of the then great powers of the world, Russia, in the Russo-Japanese war, was the envy of many Asian neighbors.

> 日本はアジアでも最初に近代化と工業化に成功した国の1つです。その成功の要因としてまず挙げられるのは、19世紀終わりの明治維新の時代に積極的に西欧式の開発に取り組んだことです。
>
> 明治政府は、西欧列強に追いつき、独立を維持するためには何をなすべきかを認識し

ていました。アジア地域では、多くの国々が植民地化されている時代でした。したがって欧米に視察団を派遣するだけでなく、およそ3000人の西欧人を招いて、近代科学や数学、技術を学び、それを熱心に開発に取り入れました。

　非常に短期間で進んだこの国の近代化は、実際、明治日本が日露戦争で当時の世界の大国であったロシアに勝利したという意味では、およそ30年という期間で進みましたが、それはアジアの多くの隣国の垂涎の的でした。

Part2

　Japan's success in industrialization can also be attributed to its dramatic economic recovery from the devastation of World War II. The Japanese people, hungry for peace and prosperity, spared no effort in restoring the country to economic health. The social foundations laid down during the Meiji Era and even before that in the feudal but peaceful 250 years of the Edo Period helped the post-war reconstruction. Economic policies implemented by the US during the American occupation of 1945 to 1952 also made a contribution to Japan's economic reconstruction.

　Japan enjoyed huge economic growth, dubbed an economic miracle, from the 1960s to the beginning of the 1990s. However, it slowed down later in the 1990s mainly due to the collapse of the asset price bubble. This was the start of the so-called "Lost Decade" in Japan.

　第二次世界大戦で大きく疲弊した経済が劇的な再建を遂げたことも、日本の工業化が成功した要因だといえます。日本の人々は、平和と繁栄を渇望する中で、経済の再建に努力を惜しみませんでした。明治時代に、さらにはそれより以前の封建時代とはいえ250年の太平の世を築いた江戸時代に作られた社会基盤が、この戦後の再建に役立ちました。1945年から52年までのアメリカ軍による占領時代の経済政策も、日本の経済再建に貢献しました。

　日本経済は、1960年代から90年代初めまで、奇跡といわれた長足の成長を遂げました。しかし、その後の1990年代、経済成長は鈍化しました。資産価格のバブル崩壊が主な理由でした。それは、いわゆる日本における「失われた十年」の始まりでした。

Part3

After the 2008 global financial crisis triggered by the failure of a major US investment bank, Lehman Brothers, the Japanese economy began to recover strongly. By 2010, it was growing at an annual rate of 3.9 %. But the 2011 East Japan Earthquake and Tsunami disaster derailed Japan's economic growth.

Meanwhile, Japan also experienced political stalemate. After more than half a century of virtual monopoly of the government by the Liberal Democratic Party, the Democratic Party of Japan finally took the helm in September 2009. People had yearned for a big political change and a successful recovery from the long economic stagnation, only to be disappointed under the new administration. The rookie party, burdened by lack of internal unity and the unprecedented natural and nuclear disasters of March 2011, failed to deliver on its promises, and had to give up its post to the rival LDP in December 2012.

アメリカの大手投資銀行リーマン・ブラザーズの倒産が引き金となった2008年の世界的な金融危機のあと、日本経済は急速な回復を見せ始めました。2010年には、年率3.9%で成長していました。しかし、2011年の東日本大震災により日本経済の成長はとん挫しました。
　一方で、日本は政治的な停滞も経験しました。半世紀以上にわたって自民党が実質的に政権を独占したあと、ようやく民主党が政権の座につきました。2009年の9月のことです。国民は、大きな政治的変化と経済の低迷からの脱出を大いに期待しましたが、残念ながら民主党政権には失望する結果となりました。政権党としては新米だった民主党は、党内の団結がなく、2011年3月には未曽有の自然災害と原子力災害に見舞われ、公約を実現できず、2012年12月にはライバルである自民党に政権の座を明け渡さねばなりませんでした。

(2) キーワードの練習
①発音練習
　単語リストを見ながら英語音声に従って発音練習をしましょう。
②クイック・レスポンス
　日本語音声を聞いて、素早く英語を出せるように練習しましょう。

Part1

modernization and industrialization	近代化と工業化
be traced back to...	～にさかのぼってみる、～に起因する
aggressive adoption of Western-style development	西欧式開発を積極的に取り入れること
the Meiji Restoration period	明治維新の時代
to catch up with...	～に追いつく
the Western powers	西欧の列強（国）
colonize	植民地化する
dispatch study missions	視察団を派遣する
diligently applied what they learned	学んだことを真面目に実践した
in developing the nation	国を発展させるために
the Russo-Japanese war	日露戦争
the envy of many Asian neighbors	多くのアジア隣国の垂涎の的

Part2

be attributed to...	～に原因を探る、～に起因する
World War II	第二次世界大戦
hungry for peace and prosperity	平和と繁栄を渇望する
social foundations laid down during...	～に作られた社会基盤
feudal but peaceful 250 years of the Edo Period	封建時代とはいえ250年の太平の世を築いた江戸時代
the post-war reconstruction	戦後の再建
the American occupation of 1945 to 1952	1945年から52年のアメリカによる占領
an economic miracle	経済的奇跡
slow down	（成長が）鈍化する
due to the collapse of the asset price bubble	資産価格のバブル崩壊によって
the so-called "Lost Decade"	いわゆる「失われた十年」

Part3

the 2008 global financial crisis	2008年の世界金融危機
triggered by...	～が引き金となって
grow at an annual rate of...	年率～％で成長する
the 2011 East Japan Earthquake and Tsunami disaster	2011年の東日本大震災と津波による被害
derail Japan's economic growth	日本の経済成長をとん挫させる
political stalemate	政治的な停滞
half a century of virtual monopoly of the government by...	～による半世紀にわたる実質的政権の独占
the Liberal Democratic Party	自由民主党、自民党
the Democratic Party of Japan	民主党
take the helm	政権を握る
long economic stagnation	長期的経済の低迷
the new administration	新政権
internal unity	内部の結束・融和
the unprecedented natural and nuclear disasters	未曾有の自然災害と原子力災害
fail to deliver on its promises	公約を実現できない
give up its post to the rival LDP	ライバルの自民党に政権を明け渡す

(3) DLS 練習

音声9_1-9_3のスピーチをメモを取りながら聞き、内容を自分のことばでまとめて話してみましょう。
① 129-130ページのキーワードを見ながら、話してみましょう。
② キーワードを見ずに、自分のことばで内容をまとめて、話してみましょう。

(4) Dialogue 練習

スピーチの内容に関連した Dialogue です。

①シャドーイング練習　MP3 9_10

あなたのパートを何回かシャドーイングしてみましょう。

Elizabeth: Japan used to be one of the best students of economy, didn't it?

日本はかつて経済の優等生でしたよね。

You: That's what they say. But young Japanese people today don't know anything about those days. They were born after the collapse of the economic bubble.

そう言われてますね。でも今の若い人はそのころのことは知りません。いわゆるバブルがはじけたあとに生まれたので。

Elizabeth: I know. But when I first came to Japan, people of your parents' generation were doing so well all over the world.

そうですよね。でも私が初めて日本に来たころは、あなたのご両親の世代が世界中で活躍していましたね。

You: Right. My father worked in Indonesia, Thailand and Malaysia for many years, and later in China.

そうです。私の父はインドネシア、タイ、マレーシアで長年仕事をし、その後は中国で働きました。

Elizabeth: So you went with him to those countries, too.

あなたもそうした国にお父さんと一緒に行ったんでしょう。

You: Yes, my mother and I stayed in Indonesia and Thailand with him, but when father was to be transferred to Malaysia, our parents decided that only he would go and the family should stay back in Japan.

はい、母と私はインドネシアとタイには父について行きました。でも、父がマレーシアに行くことになったときは、父だけ行って家族は日本に残ることになりました。

Elizabeth: Oh, my goodness, why did they do that?

なんですって？　なんでまたそうしたんですか。

You: Well, it was because our family had grown bigger with 3 kids, and I had to begin preparing for high school entrance exams.

まー、それは、子どもが３人に増えていましたし、私は高校受験を控えていたからです。

Elizabeth: What a pity! You had to be separated from your father!

なんてこと！　お父さんと分かれて暮らさなくちゃならなかったんですか。

You: Well, yes, but in those days, Japanese fathers were often called "enterprise warriors" and gave priority to the work that needed to be done for their company. And nobody thought anything of it.

まー、そうでしたけど、そのころは、日本の父親は「企業戦士」なんて呼ばれていた時代で、仕事が第一だったんです。それで誰もなんとも思わなかったんですよ。

Elizabeth: But how about your mother and you, the children?

でも、お母さんやあなたがた子どもは、どうだったんですか。

You: Of course, we missed him. But in those days, even if your father was with you in Japan, he hardly saw his kids anyway.

もちろん、父がいなくてさびしかったですけど、あのころは、父親が日本にいても、ほとんど子どもの顔なんか見なかったんですよ。

Elizabeth: Why was that?

それはまたなぜですか。

You: Because they worked very long hours. They thought they were working hard for the sake of their families, and kids thought that was the way things were.

長時間働いていたからです。父親は家族のために一所懸命働いているって考えていたし、子どもたちは、そんなものだって思っていましたね。

Elizabeth: That must have been very difficult for families!

家族にとっては大変だったでしょうねえ。

You: For many families, yes. But now, I think Japanese families have started to change, probably because they saw, and of course, experienced firsthand how their parents raised their families.

大半の家庭ではそうだったと思います。でも今では、日本の家族も変わってきたと思いますよ。たぶん、自分の親の子育てを見たり、実際に体験したりしたからでしょう。

Elizabeth: How have they changed?

今はどんなですか。

You: Younger fathers today are more family-oriented. They're more willing to help with caring for the children at home and they seem to be enjoying it even.

若いお父さんたちは、昔と比べて家族をもっと大切にしていますよ。子育てにも手を貸す人が多いですし、むしろ子育てを楽しんでいます。

Elizabeth: That's good! Will you be helping your wife to raise your children, too?

それはいいですね。あなたも奥さんの子育てを手伝いますか。

You: Yes, I will. The fact is, I don't want to miss the joy of raising my children, like my father did.

ええ、そうするつもりですよ。というより、せっかくの子育ての楽しさを経験できないなんていやですね。自分の父親みたいにね。

Elizabeth: So your generation is quite different from your parents' generation.

じゃ、あなたの世代はご両親の世代とはずいぶん違うんですね。

You: Yes. We're the generation that didn't experience the bubble days. We only know the so-called "Employment Ice Age". But we want to take better care of our families.

ええ、われわれの世代は、バブル時代は知らないし、いわゆる「就職氷河期」しか知りませんが、もっと家庭を大切にしたいですね。

Elizabeth: And hopefully, the new Japanese government will finally succeed in propping up the Japanese economy so that we'll all have a better future.

そして、日本の新しい政府には、なんとか日本経済を立て直してもらいたいですよね。われわれみんなのよりよい未来のためにね。

② 会話の練習　MP3 9_11

　あなたのパートをスピーディーに英語で話しましょう。慣れてきたら、日本語を見ずに音声だけを使って Elizabeth と会話しましょう。

Elizabeth: Japan used to be one of the best students of economy, didn't it?

You: そう言われてますね。でも今の若い人はそのころのことは知りません。いわゆるバブルがはじけたあとに生まれたので。

Elizabeth: I know. But when I first came to Japan, people of your parents' generation were doing so well all over the world.

You: そうです。私の父はインドネシア、タイ、マレーシアで長年仕事をし、その後は中国で働きました。

Elizabeth: So you went with him to those countries, too.

You: はい、母と私はインドネシアとタイには父について行きました。でも、父がマレーシアに行くことになったときは、父だけ行って家族は日本に残ることになりました。

Elizabeth: Oh, my goodness, why did they do that?

You: まー、それは、子どもが3人に増えていましたし、私は高校受験を控えていたからです。

Elizabeth: What a pity! You had to be separated from your father!

You: まー、そうでしたけど、そのころは、日本の父親は「企業戦士」なんて呼ばれていた時代で、仕事が第一だったんです。それで誰もなんとも思わなかったんですよ。

Elizabeth: But how about your mother and you, the children?

You: もちろん、父がいなくてさびしかったですけど、あのころは、父親が日本にいても、ほとんど子どもの顔なんか見なかったんですよ。

Elizabeth: Why was that?

You: 長時間働いていたからです。父親は家族のために一所懸命働いているって考えていたし、子どもたちは、そんなものだって思っていま

したね。

Elizabeth: That must have been very difficult for families!

You: 大半の家庭ではそうだったと思います。でも今では、日本の家族も変わってきたと思いますよ。たぶん、自分の親の子育てを見たり、実際に体験したりしたからでしょう。

Elizabeth: How have they changed?

You: 若いお父さんたちは、昔と比べて家族をもっと大切にしていますよ。子育てにも手を貸す人が多いですし、むしろ子育てを楽しんでいます。

Elizabeth: That's good! Will you be helping your wife to raise your children, too?

You: ええ、そうするつもりですよ。というより、せっかくの子育ての楽しさを経験できないなんていやですね。自分の父親みたいにね。

Elizabeth: So your generation is quite different from your parents' generation.

You: ええ、われわれの世代は、バブル時代は知らないし、いわゆる「就職氷河期」しか知りませんが、もっと家庭を大切にしたいですね。

Elizabeth: And hopefully, the new Japanese government will finally succeed in propping up the Japanese economy so that we'll all have a better future.

③クリエイティブ・スピーキング練習

再び、音声9_11を使って、あなたのことばでElizabethと会話してみましょう。

9-2 新政権の経済政策

(1) スピーチのシャドーイング

音声9_12-9_14を聞きながらシャドーイングをしましょう。何回か原稿を見ずに行ったあと、原稿と照らし合わせてできなかったところをチェックしましょう。

Part1

Many economists say Japan seems to be embarking on a major effort to finally push its economy in the right direction. Japan's new prime minister says the greatest and most urgent issue at hand is the revival of the economy. He says the country must break free of deflation, increase the size of the overall economic "pie" and create jobs.

He says there is a need for an aggressive anti-deflation policy. He demanded that the Bank of Japan work with his government to overcome deflation so that Japanese companies will be able to start making more money and creating more jobs. He has applied strong pressure on the central bank, and actually got their consent to setting its inflation target at 2%, and scaling up its asset purchases to provide businesses with more cash.

> 多くのエコノミストが、日本はようやく正しい方向へと経済の舵を切ろうとしているようだと言っています。日本の新しい総理は、今、最大、最重要の課題は経済の再生だと述べました。総理は、デフレを克服し、経済全体の大きさ、「パイ」を大きくし、雇用を創出しなくてはならないと言います。
>
> 総理は積極的なデフレ克服のための政策が必要であると説いています。日本銀行に政府とともにデフレ克服の努力をするよう要求しました。それにより企業の業績を上げ、雇用を増やすためです。日銀に強力な圧力をかけ、実際に2%のインフレターゲット設定と、企業にさらに多くの資金を提供するための資産の買い入れ拡大に合意させました。

Part2

The prime minister is urging the people to support his policy of setting three priority areas for promoting growth: 1) reconstruction and disaster prevention, 2) creation of wealth through growth and 3) securing the stability of people's livelihood and regional revitalization. He has set forth what he calls bold budgetary provisions to invest government money strategically.

He also says that it is impossible to mobilize fiscal spending indefinitely. He says the government will formulate and implement a growth strategy in which private-sector investment and consumption continue to expand.

総理は国民に、成長を促進するための3つの優先分野を設定する自分の政策を支持するように訴えました。1つ目は復興と防災、2つ目は成長を通しての富の創造、3つ目は人々の暮らしの安定確保と地域の再活性化です。総理は大胆な予算執行による政府資金の戦略的な投資を打ち出しました。

総理は政府資金を無期限に支出することは不可能だとも言っています。政府は民間セクターの投資と消費を継続的に拡大する成長戦略を策定、実施すると言います。

Part3

The new prime minister's policies and attitude have been welcomed by the business sector and investors around the world. The Japanese stock market has turned bullish for the first time in a long time. The Japanese yen, which was growing strong against the US dollar and the Euro for many quarters due to lack of growth in the US and the financial crisis in Europe, has begun to depreciate, which is alleviating the burden on Japanese exporters.

The prime minister just visited the United States and met the president of the country at the White House and discussed a broad range of issues, such as US-Japan relations, regional security and economic issues. On the economic front, he proudly declared that his economic recipe would be good for the United States, China and other trading partners. He said, "Soon, Japan will export more, but it will import more as well. The U. S. will be the first to benefit." He said that the US president welcomed his economic policy.

新総理の政策と姿勢は経済界や世界の投資家に歓迎され、日本の株価は久しぶりに値上がりしています。日本の円も、アメリカの成長不足やヨーロッパの金融危機の中で、何四半期も米ドルやユーロに対して円高が進んできましたが、ようやく円安に振れてきて、日本の輸出企業の負担が軽減されています。
　総理は、つい先日アメリカを訪れ、大統領とホワイト・ハウスで会談し、日米関係や、地域の安全保障問題、経済問題など幅広い問題を議論しました。経済に関しては、自分の経済政策はアメリカや中国その他の貿易相手国にとっても良い政策だと高らかに宣言しました。総理は「まもなく日本は輸出を増やすが輸入も同様に増える。アメリカは真っ先にその恩恵を受けることになるだろう」と述べました。また総理は、アメリカ大統領が自分の経済政策を歓迎したと述べました。

(2) キーワードの練習

①発音練習

　単語リストを見ながら英語音声に従って発音練習をしましょう。

②クイック・レスポンス

　日本語音声を聞いて、素早く英語を出せるように練習しましょう。

Part1

MP3
9_15, 9_16

be embarking on a major effort to...	〜のために努力を傾注し始める
push its economy in the right direction	正しい方向に経済の舵を切る
the revival of the economy	経済の再生
break free of deflation	デフレを克服する
an aggressive anti-deflation policy	積極的なデフレ克服政策
the Bank of Japan	日本銀行
create more jobs	より多くの雇用を創出する
set its inflation target at 2%	2%のインフレターゲットを設定する
asset purchases	資産の購入

Part2

reconstruction and disaster prevention	復興と防災
creation of wealth through growth	成長を通じて富を創造すること
securing the stability of people's livelihood and regional revitalization	国民の暮らしの安定確保と地域経済の再活性化
bold budgetary provisions	大胆な予算措置
fiscal spending	財政出動
a growth strategy	成長戦略
private-sector investment and consumption	民間投資と消費

Part3

the Japanese stock market	日本の株式市場
turned bullish	株価が上昇し始めた、株式市場が強気になった
the financial crisis in Europe	ヨーロッパの金融危機
US-Japan relations	日米関係
regional security	地域の安全保障
economic recipe	経済政策
trading partners	貿易相手国

(3) DLS 練習

音声 9_12–9_14 のスピーチをメモを取りながら聞き、内容を自分のことばでまとめて話してみましょう。

① 138–139 ページのキーワードを見ながら、話してみましょう。
② キーワードを見ずに、自分のことばで内容をまとめて、話してみましょう。

(4) Dialogue 練習

スピーチの内容に関連した Dialogue です。

①シャドーイング練習 MP3 9_21

あなたのパートを何回かシャドーイングしてみましょう。

Elizabeth: Everyone seems to be happy with the effects of the new prime minister's economic policy recently.

最近はみんな新しい総理の経済政策の効果を喜んでいるようですね。

You: You're right! The stock market is getting quite bullish, and I see many happy faces, looking at the stock price charts in securities firm windows.

そうですね。株式市場は強気になっていますし、たくさんの人が証券会社の株価チャートを見て喜んでいますね。

Elizabeth: I know. I should have invested in Japanese stocks.

本当に。私も日本株に投資しておけばよかった。

You: Well, I think it's not too late. Historically speaking, they're still priced low, and can be expected to rise further. But the question is, of course, if the government will really produce results or not.

まだ遅くはありませんよ。歴史的に見たら、まだ低いですから、さらに上がるでしょう。でも、問題は、もちろん、政府がやると言ったことで結果を出すかどうかですけどね。

Elizabeth: Of course. Many politicians have failed to fulfill their election pledges, and oh, how often we've been disappointed!

そうですよね。ずいぶんたくさんの政治家が公約を破ってきましたものね。本当にどれだけがっかりさせられてきたことか！

You: And the LDP will have to win the upcoming Upper House election this summer to secure a majority in both houses for them to carry out their plan.

それと、自民党は今夏の参議院選挙で勝って、衆参両院で過半数を取らないと、自分たちの政策が実行できません。

Elizabeth: I read about that. Do you think they'll do well in the summer election?

そう、そんなニュースを読みました。夏の選挙で自民党は勝てると思いますか。

You: Probably, since Japanese voters are tired of seeing a government incapable of moving forward, because they can't make important decisions.

たぶんね。日本の有権者はもう、重要な決定ができないために前に進めない政府にはうんざりしていますから。

Elizabeth: Are you talking about the so-called "Twisted-Diet," where the ruling party or coalition had a majority in the Lower House, but not in the Upper House?

いわゆるねじれ国会のことをおっしゃっているのですか。与党や与党連合が衆議院では過半数を持っていても参議院で持っていないという状態ですね。

You: Yes, that has caused so much trouble in Japanese politics and the economy for so long. This situation has to change for the government to do anything meaningful for the people. And I think voters here know that.

そうです。そのおかげで日本の政治は長いことトラブル続きでした。おかげで経済もそうです。この状況が変わらないと、政府は国民のために意味のあることはできません。有権者にもそれはわかったと思いますね。

Elizabeth: But the LDP had failed in reforming the government once. That's why they were ousted by the people 4 years ago, weren't they? Do you think they'll do a better job this time?

でも、自民党は、行政改革に一度失敗していますよね。だから4年前の選挙で負けたんでしょう。今度は前よりましな仕事をすると思いますか。

You: I sure hope so. It may be a negative choice, since there are no other credible political parties on the scene right now. So I guess Japanese voters will give the LDP a second chance.

そうでないと困ります。消極的な選択かもしれませんけどね、今ほかに信頼できる政党がないのですから。だから、日本の有権者は自民党に第二のチャンスを与えると思います。

Elizabeth: What about that new party formed by the mayor of Osaka?

あの大阪の市長が作った新しい政党はどうですか。

You: You mean, the Ishin-no-Kai, the Japan Restoration Party. Some people seem to have great expectations for them, but I don't know. They've tied up with old-timers like a former Tokyo governor.

あー、維新の会ですね。大きな期待を持ってる人もいるみたいですが、どうでしょう。前の東京都知事みたいなオールドタイマーと手を組みましたからね。

Elizabeth: Oh, so you don't like them.

あら、じゃ、あの党は気に入らないんですね。

You: Well, it's not that I don't like them or anything, but it just doesn't seem right.

いや、気に入らないとかいうわけじゃないんですが、なんか変じゃないかなって思うんです。

Elizabeth: What's not right?

なにか変とは？

You: Well, you know, to me, it's a political party formed by people who seem to be so different in values and thinking. How could such a party govern effectively? They may only create more confusion in important national and foreign affairs.

それはですねえ、私に言わせたら、あの党は、価値観も考え方もばらばらな人たちが組んで作られているでしょう。そんなので政治ができるんでしょうかね。国内外の重大な局面でさらに混乱を引き起こすだけじゃないかな。

Elizabeth: You may be right. Well, Japanese people must make the right choice this summer.

あなたの言う通りかも知れませんね。まー、とにかく、日本の有権者はこの夏、正しい選択を迫られますね。

You: Right. But it won't be easy. There are so many parties. I hope each party will present much clearer visions by that time, so that we'll be able to make the correct choice for us and for the future of our country.

そうですよ。しかし簡単じゃないでしょうね。政党がとにかく多いですから。そのときまでには、それぞれの政党にちゃんとしたヴィジョンを示してほしいですよ。われわれが自分のためにも国の将来のためにも正しい選択ができるようにね。

②会話の練習　MP3 9_22

あなたのパートをスピーディーに英語で話しましょう。慣れてきたら、日本語を見ずに音声だけを使って Elizabeth と会話しましょう。

Elizabeth: Everyone seems to be happy with the effects of the new prime minister's economic policy recently.

You: そうですね。株式市場は強気になっていますし、たくさんの人が証券会社の株価チャートを見て喜んでいますね。

Elizabeth: I know. I should have invested in Japanese stocks.

You: まだ遅くはありませんよ。歴史的に見たら、まだ低いですから、さらに上がるでしょう。でも、問題は、もちろん、政府がやると言ったことで結果を出すかどうかですけどね。

Elizabeth: Of course. Many politicians have failed to fulfill their election pledges, and oh, how often we've been disappointed!

You: それと、自民党は今夏の参議院選挙で勝って、衆参両院で過半数を取らないと、自分たちの政策が実行できません。

Elizabeth: I read about that. Do you think they'll do well in the summer election?

You: たぶんね。日本の有権者はもう、重要な決定ができないために前に進めない政府にはうんざりしていますから。

Elizabeth: Are you talking about the so-called "Twisted-Diet," where the ruling party or coalition had a majority in the Lower House, but not in the Upper House?

You: そうです。そのおかげで日本の政治は長いことトラブル続きでした。おかげで経済もそうです。この状況が変わらないと、政府は国民のために意味のあることはできません。有権者にもそれはわかったと思いますね。

Elizabeth: But the LDP had failed in reforming the government once. That's why they were ousted by the people 4 years ago, weren't they? Do you think they'll do a better job this time?

You: そうでないと困ります。消極的な選択かもしれませんけどね、今ほかに信頼できる政党がないのですから。だから、日本の有権者は自民党に第二のチャンスを与えると思います。

Elizabeth: What about that new party formed by the mayor of Osaka?

You: あー、維新の会ですね。大きな期待を持ってる人もいるみたいですが、どうでしょう。前の東京都知事みたいなオールドタイマーと手を組みましたからね。

Elizabeth: Oh, so you don't like them.

You: いや、気に入らないとかいうわけじゃないんですが、なんか変じゃないかなって思うんです。

Elizabeth: What's not right?

You: それはですねえ、私に言わせたら、あの党は、価値観も考え方もばらばらな人たちが組んで作られているでしょう。そんなので政治ができるんでしょうかね。国内外の重大な局面でさらに混乱を引き起こすだけじゃないかな。

Elizabeth: You may be right. Well, Japanese people must make the right choice this summer.

You: そうですよ。しかし簡単じゃないでしょうね。政党がとにかく多いですから。そのときまでには、それぞれの政党にちゃんとしたヴィジョンを示してほしいですよ。われわれが自分のためにも国の将来のためにも正しい選択ができるようにね。

③クリエイティブ・スピーキング練習

　再び音声9_22を使って、あなたのことばでElizabethと会話しましょう。たとえば日本の経済や政治について、話してみましょう。

SESSION 10
国際会議での発表

10-1 プレゼンテーション・パートI
(1) スピーチのシャドーイング

音声 10_1–10_3 を聞きながらシャドーイングをしましょう。何回か原稿を見ずに行ったあと、原稿と照らし合わせてできなかったところをチェックしましょう。

　宇野信也氏は日本の総合商社 JSS 社で働いています。宇野氏の会社は今ベトナムやカンボジアなど東南アジアの新たな市場に進出しています。今日は、JICA・日本国際協力機構が、ASEAN・東南アジア諸国連合との協力深化に関する会議を開催しています。日本政府は ASEAN の「2015年 ASEAN 共同体構想」と「地域統合のための ASEAN 連結性マスタープラン」を通じてのさらなる経済統合を支援しています。

　会議には ASEAN 事務局長と ASEAN 各国の大使や政府高官、経団連会長や ASEAN 諸国で事業を始めようと考えている日本企業の人々が参加しています。宇野氏は、この会議で、これまでの ASEAN 地域での経験と、ASEAN 地域に投資を呼び込むために必要とされる各国政府による改善点について話をするよう招かれました。

Part 1

Thank you very much for the kind introduction.

Your Excellencies, Your Excellency Dr. Tolov Forever, Secretary General of ASEAN, Mrs. Yae Sakura, President of JICA, Mr. Taisetsu Yoneda, President of Keidanren, and ladies and gentlemen, good afternoon. I am Shinya Uno from JSS Corporation. I am pleased and thankful for this opportunity to share with you our experience in some of the newly emerging

ASEAN countries such as Vietnam, and the challenges we faced in doing business there.

We have had the privilege of working with our partners in some of the member countries of ASEAN for many years. Now, in Hanoi, Vietnam, we are involved in the development of the Daoli Industrial Park. The size of the park is 274 hectares. So far 86 joint venture firms have begun production there, and they have created 50,000 jobs for locals. They ship out goods for export worth 2.9 billion dollars a year. It was 5% of the country's total export in 2008.

ご紹介ありがとうございました。各国大使の皆さま、フォルエバ ASEAN 事務局長閣下、桜 JICA 理事長、米田経団連会長、ご列席の皆さま、こんにちは。私は JSS 社の宇野信也と申します。本日は、お招きをいただきまして、ベトナムなど ASEAN の新興経済国での私どもの経験と、そうした国で事業を実施する上での課題についてお話をする機会をいただきまして、大変うれしく存じます。ありがとうございます。

これまで、弊社では長年 ASEAN 諸国におきまして、提携先とともに事業を展開させていただいてまいりました。現在は、ベトナムのハノイでダオリー工業団地の開発に携わっております。この団地の大きさは 274 ヘクタールございます。これまでに 86 の合弁企業が生産を開始し、5 万人の雇用を生み出しました。年間 29 億ドル相当の輸出品を出荷しておりまして、これは 2008 年のベトナムの輸出総額の 5%に当たる数字となっております。

Part2

Another project we are taking part in is the Eastern Jakarta Industrial Park in Indonesia. There, 98 companies from Japan and elsewhere are in operation, hiring about 50,000 workers, and their output was worth 3% of the nation's total export in 2005. So, industrial parks contribute a great deal to the creation of local employment, to the transfer of technology, and to the promotion of export.

Our company is also trying to help improve the physical distribution of local products throughout the region. For instance, we assisted in setting up a Japanese and Vietnamese joint venture operation called Qinggao Logistics in an industrial park in Hanoi.

They provide warehouses for goods produced in the park for export, customs clearance services, truck transportation and everything else needed for exporting products. Qinggao Logistics' one-stop service improved ease and convenience for manufacturer-exporters there a great deal.

> もう１つ弊社ではインドネシアの東部ジャカルタ工業団地の開発プロジェクトにも参加しております。そちらでは、98の日本企業などが操業し、およそ５万人を雇い、生産量はインドネシアの2005年の総輸出量の3%に上っております。ですから、工業団地というのは、地元の雇用の創出や技術移転、また輸出促進に大いなる貢献をいたします。
> 弊社ではまた、地域全体でそうした製品の物流を改善するためのお手伝いもしております。たとえば、ハノイの工業団地では、日本とベトナムの合弁企業でありますチンガオ・ロジスティックス社の立ち上げをお手伝いいたしました。この会社は、団地内で生産された輸出製品の倉庫保管や通関サービス、トラック輸送など製品の輸出に必要なすべてのサービスを提供しております。ワンストップ・サービスの提供により、製造・輸出業者にとっての輸出の容易さと利便性を大幅に改善いたしました。

Part3

But it takes 72 hours for them to deliver goods from Hanoi to Bangkok, due to the road conditions and the time required for customs clearance at the border. Such a situation needs to be improved to attract more investment from Japan.

Also, Japanese manufacturers are famous for their "just-in-time" method. They do not like to maintain huge stocks of components, and get the necessary parts just before they are to be assembled. If they can't rely on the timely arrival of necessary supplies due to congestion of roads and ports, they would have to risk frequent production stoppages. Such a prospect would make potential new investors from Japan hesitate to start operation abroad.

Manufacturers also often face a very serious power shortage in some countries in the region. For instance, in the Daoli Industrial Park in Vietnam, companies have to cope with blackouts rather frequently. They struggle to meet the production deadlines they promise to their clients.

So, governments in those countries are urged to step up their effort to alleviate this kind of situation. At the same time, this is one of the areas where the Japanese government can increase technical and financial assistance.

しかし、ハノイからバンコクまでの輸送には72時間かかっております。途中の道路の状況が悪いのと国境での通関処理に時間がかかっているからです。日本からの投資を増やすために、このような状況はぜひ改善していただきたいと思います。

また、日本のメーカーは「かんばん方式」という生産方式で有名です。部品の在庫をあまり持たず、組み立てる直前に必要な部品を補給するというやり方です。したがって、道路や港の混雑できちんと予定の時間に部品が届かない可能性があるということになりますと、頻繁に生産を中断しなければならないというリスクが高まります。そのようなことがありうるということになりますと、日本の投資家は海外生産を躊躇してしまうでしょう。

またこの地域のいくつかの国では、メーカーはしばしば深刻な電力不足に直面しております。たとえば、ベトナムのダオリー工業団地では、かなり頻繁に停電が発生し、顧客と約束した納期を守るのに苦労するという状況です。

ですから、各国の政府におかれましては、ぜひこのような状況の改善にさらに努めていただきたいと存じます。同時に、このような分野においては、日本政府にもさらなる技術支援、金融支援をお願いしたいところであります。

(2) キーワードの練習

①発音練習

単語リストを見ながら英語音声に従って発音練習をしましょう。

②クイック・レスポンス

日本語音声を聞いて、素早く英語を出せるように練習しましょう。

Part1

MP3
10_4, 10_5

Thank you very much for the kind introduction.	ご親切なご紹介ありがとうございます／ただいまご紹介いただきました○○です
Your Excellencies	各国大使の皆さま
Your Excellency Secretary General of ASEAN	ASEAN事務局長閣下
President of JICA	JICA理事長
President of Keidanren	経団連会長

ladies and gentlemen	ご列席の皆さま
I am pleased and thankful for this opportunity to...	〜する機会をいただきありがとうございます
newly emerging ASEAN countries	ASEAN 東南アジア諸国連合の新興国
challenges we faced in doing business	ビジネスを展開する上での課題
We have had the privilege of working with our partners.	（長年）提携先と活動させていただいてきた
the Daoli Industrial Park	ダオリー工業団地
locals	地元の人々
ship out goods for export	輸出用の商品を出荷する
worth 2.9 billion dollars a year	年間 29 億ドル相当

Part2

MP3
10_6, 10_7

take part in	参加する、参画する
the Eastern Jakarta Industrial Park	東部ジャカルタ工業団地
output	生産量
industrial parks	工業団地
contribute a great deal to the creation of local employment	地元の雇用創出に大きく貢献する
the transfer of technology	技術移転
the promotion of export	輸出促進
the physical distribution of local products	製品の物流
a Japanese and Vietnamese joint venture operation	日本とベトナムの合弁事業
Qinggao Logistics	チンガオ・ロジスティックス（社名）
warehouses	倉庫
customs clearance services	通関サービス
truck transportation	トラック輸送
one-stop service	ワンストップ・サービス

Part3

the road conditions	道路状況
Japanese manufacturers	日本のメーカー、製造業者
"just-in-time" method	「かんばん方式」
maintain stocks of components	部品の在庫を維持する
be assembled	組み立てられる
congestion of roads and ports	道路や港の混雑
to risk frequent production stoppages	頻繁な生産停止のリスクを負う
power shortage	電力不足
blackouts	停電
struggle to meet the production deadlines	生産期限を守るのに苦労する
are urged to step up their effort to alleviate this kind of situation	このような状況の改善努力が望まれる
technical and financial assistance	技術金融支援

(3) DLS 練習

音声 10_1–10_3 のスピーチをメモを取りながら聞き、内容を自分のことばでまとめて話してみましょう。
① 148–150 ページのキーワードを見ながら、話してみましょう。
② キーワードを見ずに、自分のことばで内容をまとめて、話してみましょう。

(4) Dialogue 練習

スピーチの内容に関連した Dialogue です。ここでは、Uno 氏の役をあなたが務めます。

①シャドーイング練習　MP3 10_10

あなたのパートを何回かシャドーイングしてみましょう。

Elizabeth: So, ASEAN is composed of 10 countries from Southeast Asia.

で、ASEAN は東南アジア諸国 10 カ国で構成されているんですね。

You: That's right. It was established in 1967 by five founding members: Singapore, Indonesia, Thailand, the Philippines and Malaysia. The newest member is Cambodia, which joined in 1999.

そうです。1967 年に原加盟国 5 カ国で作られました。シンガポール、インドネシア、タイ、フィリピンとマレーシアです。いちばん新しいのがカンボジアで、1999 年の加盟です。

Elizabeth: And you've worked in many of those countries?

それで、あなたはその多くの国でお仕事をしていらしたのですね。

You: Well, I've worked in all of the founding nations, and now I often visit Vietnam and Cambodia.

そうですねえ。原加盟国すべてで仕事をしましたし、今はよくベトナムとカンボジアに行きます。

Elizabeth: Those industrial parks you've worked on, are they developing a lot of those in Vietnam and Cambodia now?

その工業団地ですが、ベトナムやカンボジアでは今増えているのですか。

You: Yes, in fact, in Vietnam, they have at least one in many provinces nowadays.

はい、実はベトナムでは、たくさんの州に少なくとも 1 つはあります。

Elizabeth: Do they manufacture products only for export markets?

輸出製品だけを作っているんですか。

You: Most of them do. The parks are also called special economic zones. And all the Asian countries, including China, have been creating many of them to promote FDI, or foreign direct investment, into their country.

だいたいそうですね。工業団地は経済特区とも呼ばれていまして、アジア諸国では中国を含めて、みな FDI、つまり海外からの直接投資を呼び込むために活用してきたものなんです。

Elizabeth: Are they giving any incentives?

何かインセンティブが与えられているんですか。

You: Yes, foreign investors are given preferential treatment, such as lower taxes on income and lower duties on imports, with the condition that they transfer technology to the host country and export all or most of the goods they produce in the zones.

はい、外国の投資家は優遇されます。法人税や輸入税は優遇税率が適用されます。受け入れ国への技術移転をする、また、特区で作ったものはすべて、あるいはその大半を輸出するという条件はありますが。

Elizabeth: I think I've heard about that.

そういえば、そういうことを私も聞いたことがあります。

You: FDI projects have helped host country development a great deal.

対外直接投資プロジェクトは、受け入れ国の開発にずいぶん貢献してきました。

Elizabeth: That's good! But you said a lot of problems still remain, like power shortages and slow decision-making by the host government.

それはいいですね。でも、先ほど、いろいろ問題もあるとおっしゃっていましたね。電力不足とか受け入れ国政府の意思決定が遅いとかって。

You: That's right. A lot of improvements can be made in many areas. But it takes time for that to happen. We just have to work closely together with the relevant government people and let them know what we need and the changes we wish to see.

そうですね。いろいろ改善はできますね。でも、時間がかかります。やはり受け入れ国政府の担当者と密接なコミュニケーションをとること、こちらの希望や、こういうことを変えてほしいんだということを、粘り強く伝えていくことが必要です。

Elizabeth: Are they pretty accommodating?

あちらは、よくこちらの希望を受け入れてくれますか。

You: Well, usually they try. But people are often on different frequencies, you know. And we need to be patient, because in the end, our work should benefit both of us, foreign investors and host nations.

まー、できるだけ頑張ってくれますが、国によって波長が違うということがありますね。ですから、気長にやらないとダメですよ。われわれがやっていることが、結局は海外からの投資家にとっても受け入れ国にとっても最終的には利益にならなければならないわけですから。

Elizabeth: That's the right attitude, I think. Good for you!

それこそ正しい姿勢ですね。すばらしいです。

②会話の練習 MP3 10_11

あなたのパートをスピーディーに英語で話しましょう。慣れてきたら、日本語を見ずに音声だけを使ってElizabethと会話しましょう。

Elizabeth: So, ASEAN is composed of 10 countries from Southeast Asia.

You: そうです。1967年に原加盟国5カ国で作られました。シンガポール、インドネシア、タイ、フィリピンとマレーシアです。いちばん新しいのがカンボジアで、1999年の加盟です。

Elizabeth: And you've worked in many of those countries?

You: そうですねえ。原加盟国すべてで仕事をしましたし、今はよくベトナムとカンボジアに行きます。

Elizabeth: Those industrial parks you've worked on, are they developing a lot of those in Vietnam and Cambodia now?

You: はい、実はベトナムでは、たくさんの州に少なくとも1つはあります。

Elizabeth: Do they manufacture products only for export markets?

You: だいたいそうですね。工業団地は経済特区とも呼ばれていまして、アジア諸国では中国を含めて、みなFDI、つまり海外からの直接投資を呼び込むために活用してきたものなんです。

Elizabeth: Are they giving any incentives?

You: はい、外国の投資家は優遇されます。法人税や輸入税は優遇税率が適用されます。受け入れ国への技術移転をする、また、特区で作ったものはすべて、あるいはその大半を輸出するという条件はありますが。

Elizabeth: I think I've heard about that.

You: 対外直接投資プロジェクトは、受け入れ国の開発にずいぶん貢献してきました。

Elizabeth: That's good! But you said a lot of problems still remain, like power shortages and slow decision-making by the host government.

You: そうですね。いろいろ改善はできますね。でも、時間がかかります。やはり受け入れ国政府の担当者と密接なコミュニケーションをとること、こちらの希望や、こういうことを変えてほしいんだということを、粘り強く伝えていくことが必要です。

Elizabeth: Are they pretty accommodating?

You: まー、できるだけ頑張ってくれますが、国によって波長が違うということがありますね。ですから、気長にやらないとダメですよ。われわれがやっていることが、結局は海外からの投資家にとっても受け入れ国にとっても最終的には利益にならなければならないわけですから。

Elizabeth: That's the right attitude, I think. Good for you!

③クリエイティブ・スピーキング練習

　再び、音声10_11を使って、あなたのことばでElizabethと会話してみましょう。

10-2 プレゼンテーション・パートⅡ

(1) スピーチのシャドーイング

音声 10_12-10_14 を聞きながらシャドーイングをしましょう。何回か原稿を見ずに行ったあと、原稿と照らし合わせてできなかったところをチェックしましょう。

Part1

The ASEAN Master Plan for Regional Connectivity is a highly commendable blueprint for regional integration. An integrated ASEAN 10 would have a size and growth potential comparable to China and India. The large number of people, abundant resources, and diversity among the members are all assets of great importance for you.

For your further industrial development and integration, I must emphasize the importance of better infrastructure and connectivity: your roads, power supply, ports and airports, railways and telecommunication systems need modernization. And the Master Plan is to do just that.

「ASEAN 地域連結性マスタープラン」は、非常に優れた地域統合の青写真であると思います。ASEAN10 カ国が統合されれば、その大きさや将来的な成長の可能性という点では、中国やインドに匹敵する地域が誕生します。人口の多さ、豊かな資源、そして構成する国々の多様性は、みな、この地域にとって重要な資産であると言えましょう。

地域のさらなる発展と統合のためには、インフラの改善と連結性の向上が重要だということを強調しなければなりません。道路、電力供給、港湾と空港、鉄道に通信システム、どれも近代化が必要です。マスタープランはまさにそれを実現しようというものです。

Part2

The biggest challenge, however, is how to finance it. And multiple sources of funding are to be made available. JICA is expected to resume its investment and loans overseas, and increase its funding for feasibility studies of potential projects. I understand JBIC, Japan Bank for International Cooperation, will be expanding the scope of their activities. Both of them are to support Japanese companies in doing business outside Japan. Trade insurance from Nippon Export and Investment Insurance or NEXI is essential, too, for firms that invest in overseas projects. They expanded their services a great deal, and we hope they will be more aggressive in risk-taking and in providing flexible support to investors.

There are institutional challenges in the ASEAN region, too. Basically, tariffs will be removed altogether, but there remain many non-tariff barriers. One way to help foreign investors in this respect is early implementation of the ASEAN Green Lane System which would give qualified foreign companies simplified customs clearance procedures.

しかし最大の課題はいかにしてその資金手当てをするかということです。これからさまざまな資金源が使えるようになります。JICAでは対外投融資を再開し、潜在的プロジェクトの実現可能性についての調査への資金も増やすと期待されています。JBIC——日本国際協力銀行は、活動範囲を拡大するようです。双方とも日本の企業の海外進出を支援することになっています。NEXI・日本貿易保険の貿易保険も、海外でのプロジェクトに投資をしようという企業にとっては不可欠です。NEXIは、提供しているサービスを大幅に拡大しましたが、より積極的なリスク・テイキングと柔軟な投資家支援をお願いしたいと思います。

ASEAN地域には、制度的な課題もあります。基本的には、関税は全廃されることになっていますが、非関税障壁が残ります。これについて海外の投資家を助ける一つの方法としては、ASEANグリーン・レーン制度の早期実施が挙げられます。条件を満たした外国企業の通関手続きを簡素化するという制度です。

Part3

Harmonization of standards in the region would also be helpful. And the governments and their agencies need to speed up their decision-making so that foreign companies will be able to make their plans for investment in a timely fashion.

The ASEAN countries are trading with firms from outside the region as well. So connectivity with non-ASEAN neighbors is also important. But the Master Plan has yet to include anything to upgrade connectivity with countries outside. I hope the plan will take care of that in the near future.

In closing, I would like to express my heartfelt appreciation to the ASEAN secretariat and other organizations represented here for their effort in enhancing the cooperation between Japan and the region and ask for their continued effort for the full implementation of the master plan. Thank you for listening.

基準を地域内で一致させてもらえれば、それもまたありがたいと思います。また、各国政府やその諸機関には、意思決定までの時間を短縮していただき、外国企業がタイミングよく投資の計画を立てられるようにしていただきたいと思います。

ASEAN 諸国は、域外の企業とも取引をするわけですから、域外の近隣諸国との連結性の強化も重要だと思います。しかし、マスタープランにはまだその辺の改善案が入っておりません。ぜひ、近いうちにこの点の対応もお願いしたいと思います。

最後になりましたが、ASEAN 事務局、また関連諸機関の皆様方には、これまでの日本と ASEAN の協力強化へ向けての御尽力に心から感謝申し上げますとともに、今後ともマスタープランの完全実施のための御尽力をお願いしたいと存じます。ご静聴ありがとうございました。

(2) キーワードの練習

①発音練習

単語リストを見ながら英語音声に従って発音練習をしましょう。

②クイック・レスポンス

日本語音声を聞いて、素早く英語を出せるように練習しましょう。

Part1

The ASEAN Master Plan for Regional Connectivity	「ASEAN 地域連結性マスタープラン」
highly commendable	高く賞賛すべき、すばらしい
blueprint for regional integration	地域統合の青写真
an integrated ASEAN 10	統合化されたアセアン 10 カ国
a size and growth potential comparable to...	〜に匹敵する規模と成長の潜在性
diversity among the members	加盟国の多様性
assets of great importance	重要な資産

further industrial development and integration	さらなる発展と統合
power supply	電力供給
ports and airports	港湾と空港
railways	鉄道
telecommunication systems	通信システム
modernization	近代化

Part2

how to finance it	どのように資金手当てをするか
multiple sources of funding	複数の資金源
be made available	提供される
investment and loans overseas	海外への投資と貸付
feasibility studies of potential projects	潜在的プロジェクトの実現可能性についての調査
JBIC, Japan Bank for International Cooperation	ジェイビック・日本国際協力銀行
aggressive in risk-taking	積極的にリスクをとる
institutional challenges	制度的課題
the ASEAN region	ASEAN 地域
tariffs will be removed altogether	関税は完全に撤廃される
non-tariff barriers	非関税障壁
foreign investors	外国人投資家
early implementation of the ASEAN Green Lane System	ASEAN・グリーン・レーン制度の早期実施
qualified foreign companies	有資格の外国企業
simplified customs clearance procedures	簡易通関手続き

Part3

harmonization of standards in the region	域内で基準を調和させること

the governments and their agencies	各国政府とその諸機関
to speed up their decision-making	意思決定の時間を短縮する
in a timely fashion	タイミングよく
countries outside	域外の国々
the plan will take care of that	マスタープランがその問題に対応する
in closing	終わりに、最後になりましたが
to express my heartfelt appreciation to...	～に心から御礼申し上げる
Thank you for listening.	ご静聴ありがとうございました

(3) DLS 練習

音声 10_12-10_14 のスピーチをメモを取りながら聞き、内容を自分のことばでまとめて話してみましょう。
① 157-159 ページのキーワードを見ながら、話してみましょう。
② キーワードを見ずに、自分のことばで内容をまとめて、話してみましょう。

(4) Dialogue 練習

ここでも、Uno 氏の役をあなたが務めましょう。

①シャドーイング練習　MP3 10_21

あなたのパートを何回かシャドーイングしてみましょう。

Elizabeth: You've dealt with people of many different nationalities. Do you have any problems when you work in other countries?

これまでにいろいろな国の人たちとお仕事していらしたんですね。そういう外国で仕事をなさるときに、なにか困ったことはありませんでしたか。

You: Of course, communicating has been not easy due to language differences. But many people speak English nowadays, and I'm getting used to their English pronunciation.

もちろん、コミュニケーションは簡単じゃないですね、言葉の壁がありますから。でも、このごろはずいぶん英語を話す人が増えました。私も彼らの発音に慣れましたし。

Elizabeth: Oh, yes. Pronunciation could be a problem.

そうですよね。発音は問題になることがありますね。

You: I don't speak the language so well myself, so I'm sure they've found it difficult to understand my English, too. But we get by. They also learn some Japanese from us, and we learn their languages a bit, too.

自分だって英語が決してうまいわけじゃないので、相手も理解するのに苦労しているだろうと思いますけどね。でもなんとかやってます。彼らは少し日本語を覚えてくれますし、われわれも彼らの言葉をちょっと覚えたりしてね。

Elizabeth: Communication, I guess, is about more than language. But how about their daily customs and the like?

そうですよね。コミュニケーションというのは、単に言葉だけの問題じゃないんでしょうね。でも、あちらの習慣とかって、どうですか。

You: Ahh, right. It WAS difficult for me to get used to the way people behave. They seem to be on a different frequency, you might say. I mean they're usually more relaxed than us, most Japanese.

あー、そうですね。かつてはやっぱり難しかったですね。行動の仕方が違うので。周波数が違うって言うんでしょうかね。あちらの人たちは皆、日本人よりリラックスしていますね。

Elizabeth: Sometimes they may appear too easy-going and lazy to your Japanese eyes?

ときにはリラックスしすぎていて、日本人の目には、怠け者みたいに見えたりして？

You: Sometimes, yes. But I think we should learn from them about the importance of not getting too uptight about things. Discipline is important, of course, but we Japanese easily get upset, when things don't get done the way we unconsciously expect.

ときにはそうですね。でも日本人も彼らから、何にでもピリピリしすぎないことの大切さを学んだほうがいいと思いますね。規律は大事ですよ、もちろん、でもわれわれ日本人はすぐイライラしますね、物事が無意識のうちに期待した通りに実行されないと。

Elizabeth: I know what you mean.

おっしゃることよくわかります。

You: Also, we need to be careful about religious traditions and customs, when we work with people from different backgrounds. Many of the people I work with are Muslims. And most of them pray to God several times a day at the prescribed times. A couple of them are during working hours. At first, I thought they should only do that at home.

それと、宗教的伝統や習慣には注意が必要ですね。背景が違う人たちと仕事をするときには。私が一緒に仕事をする人たちには、イスラム教徒が多いのですが、たいてい皆1日に何回か決まった時間にお祈りをするんです。そのうちの2回くらいは仕事中の時間です。最初はお祈りなんて家でするべきだと思いましたね。

Elizabeth: That's understandable.

それは、そうでしょうね。

You: But then I realized that we all have our own customs, religious or not. We, Japanese, for example, take our shoes off when we go inside our house. But there are people from other cultures who would feel as if they were taking their clothes off, if they had to take their shoes off in front of strangers.

でもそのうちに、われわれは皆いろんな習慣を持っているじゃないかと気がついたんです。宗教的な習慣もあればそうでない習慣もありますけどね。たとえば、日本人は、家に入るときは履物を脱ぎますね。でも、他の文化圏の人の中には、人前で靴を脱がされたら裸にされたような気持ちになる人たちがいるんですね。

Elizabeth: For many Westerners, taking off your shoes when you're with strangers is slightly uncomfortable. Of course, recently, some Europeans and Americans take their shoes off at home, to keep their house clean.

多くの西欧人にとっては、確かに、人前で靴を脱がされるのには、少し抵抗がありますね。もちろん、最近は部屋が汚れなくていいと、自宅では靴を脱ぐ西欧人もいますけど。

You: That kind of feeling is very interesting, because it is deep inside your psyche. You don't realize that you feel that way, until it's brought up to the surface by some foreign act contrary to your customs and expectations.

そういう感情って面白いですよね。奥深い無意識の中にあって、普段は自分にそんな感情があるなんて気が付きもしません。誰かが自分の規範から外れた行動を取るまではね。自分のいつもの習慣や予想に反した行動によって、初めて気付かされるんですね。

Elizabeth: You're really an excellent observer! We need more people like you to have better cross-cultural understanding. Thank you.

非常にすばらしい観察眼ですね。あなたのような人がもっとたくさん必要ですよ、異文化理解の推進には。ありがとうございました。

②会話の練習　MP3 10_22

あなたのパートをスピーディーに英語で話しましょう。慣れてきたら、日本語を見ずに音声だけを使ってElizabethと会話しましょう。

Elizabeth: You've dealt with people of many different nationalities. Do you have any problems when you work in other countries?

You: もちろん、コミュニケーションは簡単じゃないですね、言葉の壁がありますから。でも、このごろはずいぶん英語を話す人が増えました。私も彼らの発音に慣れましたし。

Elizabeth: Oh, yes. Pronunciation could be a problem.

You: 自分だって英語が決してうまいわけじゃないので、相手も理解するのに苦労しているだろうと思いますけどね。でもなんとかやってます。彼らは少し日本語を覚えてくれますし、われわれも彼らの言葉をちょっと覚えたりしてね。

Elizabeth: Communication, I guess, is about more than language. But how about their daily customs and the like?

You: あー、そうですね。かつてはやっぱり難しかったですね。行動の仕方が違うので。周波数が違うって言うんでしょうかね。あちらの人たちは皆、日本人よりリラックスしていますね。

Elizabeth: Sometimes they may appear too easy-going and lazy to your Japanese eyes?

You: ときにはそうですね。でも日本人も彼らから、何にでもピリピリしすぎないことの大切さを学んだほうがいいと思いますね。規律は大

事ですよ、もちろん、でもわれわれ日本人はすぐイライラしますね、物事が無意識のうちに期待した通りに実行されないと。

Elizabeth: I know what you mean.

You: それと、宗教的伝統や習慣には注意が必要ですね。背景が違う人たちと仕事をするときには。私が一緒に仕事をする人たちには、イスラム教徒が多いのですが、たいてい皆1日に何回か決まった時間にお祈りをするんです。そのうちの2回くらいは仕事中の時間です。最初はお祈りなんて家でするべきだと思いましたね。

Elizabeth: That's understandable.

You: でもそのうちに、われわれは皆いろんな習慣を持っているじゃないかと気がついたんです。宗教的な習慣もあればそうでない習慣もありますけどね。たとえば、日本人は、家に入るときは履物を脱ぎますね。でも、他の文化圏の人の中には、人前で靴を脱がされたら裸にされたような気持ちになる人たちがいるんですね。

Elizabeth: For many Westerners, taking off your shoes when you're with strangers is slightly uncomfortable. Of course, recently, some Europeans and Americans take their shoes off at home, to keep their house clean.

You: そういう感情って面白いですよね。奥深い無意識の中にあって、普段は自分にそんな感情があるなんて気が付きもしません。誰かが自分の規範から外れた行動を取るまではね。自分のいつもの習慣や予想に反した行動によって、初めて気付かされるんですね。

Elizabeth: You're really an excellent observer! We need more people like you to have better cross-cultural understanding. Thank you.

③クリエイティブ・スピーキング練習

再び、音声10_22を使って、あなたのことばでElizabethと会話しましょう。

謝辞

　本書の作成においては、大量のレッスン教材を創り上げたこともあり「ようやく完成した」という思いがあります。それだけに、編集者の大谷千明さんには、大変お世話になりました。著者が見落としていたこと、気付かなかった情報のチェックなどを含めて、行き届いた編集をしていただきました。心から御礼を申し上げます。

　また、音声教材の録音には長時間を要しました。エリザベス・ハンドオーヴァーさんは、女優さんでもあったことから、一人二役も三役も声の調子を変えて登場人物を演じてくださいました。ビル・サリバンさんも、以前からのお付き合いで、教材の録音にありがちな不自然な読み上げでなく、自然な語り口で録音してほしいという私たちの意をよくくんでくださいました。息の合ったお二人のすばらしいコンビで、素敵な音声教材ができあがりました。ここに特に記してお礼を申し上げます。

　　　　　　　　　　　　　　　　共著者　　　新崎　隆子
　　　　　　　　　　　　　　　　　　　　　　石黒　弓美子

スピーキングに役立つ英語表現一覧

※ダイアローグに出てくる表現を中心に、キーワードのアルファベット順に収録した。
※表現中のキーワードを前に出し、そのあとに英語表現を続けた。

A

agree I *agree*!　23
　　　　I *agree*…　22
all after *all*　89
apologize I sincerely *apologize*.　83
appointment make an *appointment*　44, 123
arrange Can you *arrange*…?　54
　　　　Have you *arranged*…?　36
as *as* of　54

B

bad Not *bad*.　41, 54
because It is[was] *because* (of)…　30, 65, 69, 132
　　　　probably *because*　132
bit a *bit*　21, 160

C

call *call* … back　46, 47
　　　I'm returning …'s *call*.　47
　　　just *call* me…　122
　　　What's it *called*?　28
certainly *Certainly*.　42, 83
come *Come* on in!　122
　　　Thank you for *coming*.　121
compliment Thank you for the *compliment*.　116
course of *course*　26, 47, 66, 132, 140, 160

D

decide Have you *decided*…?　41
dream I have a *dream* of…　23

E

end by the *end* of…　42
example for *example*　108, 161
excellent *Excellent*!　54
expect be *expected* to…　140, 155
　　　　I[We] *expect* (to)…　39, 41, 101, 102

F

fact in *fact*　53, 86, 123, 126, 151
　　　The *fact* is,…　133
far How *far*…?　54
feel I *feel*…　30
fine *Fine*.　55
　　　just *fine*　53
　　　That would be *fine*.　47
forward I'm looking *forward* to…　37

G

get Did you *get*…?　53
　　　get back to …　54
　　　Have you *got*…?　36, 47, 68
glad I'm *glad*…　122
good *Good*![*Good*.]　23, 47, 53, 109
　　　Good for you!　30, 152
　　　Pretty *good*!　36
　　　That's *good*!　133, 152

165

That sounds *good*, but… 78
goodness Oh, my *goodness*. 131
great *Great*. 42
That's *great*. 84
That sounds *great*. 41
guess I *guess*… 29, 30, 141, 160
I *guess* so. 30

H
happy I'm *happy* (to)… 71, 97, 122
hear Have you ever *heard* of…? 93
I *hear*[*heard*] (that)… 22, 35, 88, 94, 108
hello *Hello*, this is… 46, 47
help Can I *help* you(, sir)? 77
May I *help* you? 82
here *Here*'s… 42, 101
Here you are. 78
hi *Hi*, [*Hi*!] 41, 114
Hmmm. 116
hope I *hope*… 142, 156
I sure *hope* so. 141
hopefully 116, 133
how *how* about 36, 41, 47, 83, 94, 132, 160
How are you? 53
How do you do! 122
how it goes 37

I
idea I have another *idea*. 41
imagine I can *imagine*… 22
indeed Yes, *indeed*. 89, 95
instance for *instance* 22, 147

K
kind this[that] *kind* of… 66, 70, 148, 161

What *kind* of…? 39, 60, 61, 109, 114, 123
know Do you *know*? 46
How do you *know*? 83
I don't *know*. 142
I don't *know* much about it, but… 94
I *know*. 9, 131, 140
I *know*… 160
We (all) *know*… 30, 86
you *know* 22, 123, 142, 152

L
let *Let* me… 54, 77, 78, 114, 116, 122
like I'd [I would] *like* to… 19, 61, 62, 66, 68, 157
I don't *like* to… 78
if you'd *like* 123
loss be a big *loss* 42

M
make What *makes* you…? 41
may *May* I…? 46, 47, 82, 114
maybe 54, 61, 89
mean Do you *mean*…? 69, 100
I know what you *mean*. 160
I *mean*… 116, 160
What do you *mean*? 62, 100
you *mean* 22, 28, 41, 142
meet Nice to *meet* you. 114
moment Just a *moment*. 46
most at *most* 61

N
name What's the *name* of…? 53
need not *need* to 21, 50, 122
no *No*. 9, 29, 93, 109
nothing *nothing* much 122

notice　short *notice*　36

O

oh　*Oh*, my!　122
　　Oh, yes.　29, 160
　　Oh, you did?　10, 115
　　Oh, you have.　10, 123

P, Q

pity　What a *pity*!　132
please　Would you *please*…?　83
possible　only *possible* if…　41
question　I have a *question* about…　100
　　　　　The *question* is…　140

R

ready　It's *ready*.　47
realize　I *realized* that…　161
right　All *right*.　37, 71, 115
　　Right.　9, 53, 131, 142, 160
　　That's all *right*.　47
　　That's *right*.　22, 30, 41, 69, 94, 109, 116, 151, 152
　　That's *right*, but…　83
　　You may be *right*.　142
　　You're *right*.　30, 89, 140
　　You're *right* about…　124

S

say　Let me *say*…　116
　　you might *say*　160
　　you *said*…　61, 100, 152
　　you *say*…　61
schedule　be *scheduled* to…　46
　　set the *schedule* for…　36
see　I *see*.　62, 108
　　Let's *see*.　47
　　see if…　42, 46
serve　We'll *serve* you better in the future.　84
something　it would be *something*…　62
　　That's *something*…　30
sorry　I'm *sorry*.　77
　　I'm[I am] *sorry* (that)…　46, 83
　　I'm very *sorry* about…　78
　　Sorry again about…　84
sort　*sort* of　62
　　What *sort* of…?　36, 115
sound　it doesn't *sound*…　71
　　sound like…　53
　　That *sounds*…　41, 78, 115, 116
speak　May I *speak* to…?　46, 47
　　…, *speaking*.　46, 53
suggestion　Do you have a *suggestion*?　83
sure　I'll be *sure* to…　124
　　I'm not *sure*.　71
　　I'm *sure*…　22, 102, 117, 122, 160
　　Sure.　71, 78

T

talk　Are you *talking* about…?　141
thank　*Thank* you.　47, 84, 114, 122, 162
　　Thank you for…　47, 71, 116, 121, 145, 157
that　*That*'s it.　28
then　*Then*,…　69, 95
there　We'll be *there*.　47
think　Do you *think* so?　88
　　I don't *think*…　21, 41
　　I'm *thinking* about …ing　62
　　I *think* so.　94
　　Let me *think*…　77

What do you *think*? 83
What[When/Why] do you *think*...? 61, 102
time I have *time* to... 54
total in *total* 36
true Is it *true*? 29
That's *true*, but... 89

U

understand I *understand*... 21, 155
understandable That's *understandable*. 161

W

wait I'll be *waiting* for... 55
well *Well*,... 54, 71, 114, 115, 132, 140, 142, 151, 152

what That's *what*... 54, 131
What about...? 115, 141
What's it called? 28
why *Why* don't...? 69, 89, 94
wonder I *wonder* whether... 41
word in other *words* 60
worry Are you *worried*...? 78
would *Would* you...? 62, 83

Y

yes Oh, *yes*. 29, 160
Yes. 9, 21, 36, 61, 68, 70, 83, 88, 94, 109, 133
Yes,... 22, 28, 29, 30, 37, 47, 77, 131, 133, 141, 151
yet Not *yet*. 41

著者紹介

　ともに会議・放送通訳者で、現在、NHKG メディア国際研修室、東海大学エクステンションセンター通訳講座で講師としても活躍している。2人の共著に『最強の英語リスニング・実戦ドリル』、通訳仲間4人による共著に『英語リスニング・クリニック』、『英語リスニング・クリニック初診者コース』（いずれも研究社）がある。

新崎隆子（しんざき　りゅうこ）

　神戸大学文学部卒業。青山学院大学大学院国際政治経済学研究科博士課程修了。博士（国際コミュニケーション）。公立高校の英語教員を務めたのち、インター・スクールで通訳訓練を受ける。現在、国際会議やＮＨＫ放送番組の通訳を務める傍ら、東京外国語大学大学院や玉川大学などで教鞭を執る。

　著書に『通訳席から世界が見える』（筑摩書房）などがある。

石黒弓美子（いしぐろ　ゆみこ）

　USC（南カリフォルニア大学）米語音声学特別講座修了、UCLA（カリフォルニア大学ロサンジェルス校）言語学科卒業。國學院大學にて修士号（宗教学）取得。ISS で同時通訳訓練を受けたのち、会議同時通訳者、NHK 放送通訳者として活躍。また東京外国語大学、青山学院大学非常勤講師を務める。

　監修・共著に、日本通訳協会編『改訂新版通訳教本──英語通訳への道』（大修館書店）などがある。

英文校閲
Laurel Seacord

英語音声吹き込み
Elizabeth Handover・Bill Sullivan

音声編集
佐藤京子（東京録音）

本書中の英文の内容はすべてフィクションであり、実在の人物・団体とは一切関係ありません。

英語スピーキング・クリニック
通訳訓練法で鍛える知的英語力
English Speaking Clinic — From Shadowing to Creative Speaking

● 2013 年 9 月 6 日　初版発行 ●

● 著者 ●
新崎隆子（しんざきりゅうこ）
石黒弓美子（いしぐろゆみこ）
Copyright© 2013 by Ryuko Shinzaki and Yumiko Ishiguro

KENKYUSHA
〈検印省略〉

● 発行者 ●
関戸雅男

● 発行所 ●
株式会社　研究社
〒102-8152　東京都千代田区富士見 2-11-3
電話　営業 03-3288-7777（代）　編集 03-3288-7711（代）
振替　00150-9-26710
http://www.kenkyusha.co.jp/

● 印刷所 ●
研究社印刷株式会社

● 装幀・CD デザイン ●
Malpu Design（渡邉 雄哉）

● 組版・レイアウト ●
株式会社インフォルム

● 音声編集・製作 ●
株式会社東京録音

ISBN978-4-327-44104-3 C1082　Printed in Japan

価格はカバーに表示してあります。
本書の無断複写（コピー）は著作権法上での例外を除き、禁じられています。
また、私的使用以外のいかなる電子的複製行為も一切認められておりません。
落丁本、乱丁本はお取り替えいたします。ただし、古書店で購入したものについてはお取り替えできません。